管理真相

真相

毛浓月 李 栋 查 源 ●著

西南财经大学出版社
Southwestern University of Finance & Economics Press

图书在版编目(CIP)数据

管理真相/毛浓月著. —成都:西南财经大学出版社,2015.7

ISBN 978 - 7 - 5504 - 1879 - 0

Ⅰ.①管…　Ⅱ.①毛…　Ⅲ.①企业管理　Ⅳ.①F270

中国版本图书馆 CIP 数据核字(2015)第 089093 号

管理真相

Guanli Zhenxiang

毛浓月　李　栋　查　源　著

图书策划:亨通堂文化

责任编辑:李　才

助理编辑:陈丝丝

特约编辑:朱　莹

封面设计:李尘工作室

责任印制:封俊川

出版发行	西南财经大学出版社(四川省成都市光华村街 55 号)
网　　址	http://www. bookcj. com
电子邮件	bookcj@ foxmail. com
邮政编码	610074
电　　话	028 - 87353785　87352368
照　　排	四川胜翔数码印务设计有限公司
印　　刷	四川森林印务有限责任公司
成品尺寸	165mm × 230mm
印　　张	14.75
字　　数	150 千字
版　　次	2015 年 7 月第 1 版
印　　次	2015 年 7 月第 1 次印刷
书　　号	ISBN 978 - 7 - 5504 - 1879 - 0
定　　价	38.00 元

前言：成为卓有成效的管理者

德鲁克说，管理是一种实践，其本质不在于知，而在于行。从业15载，历经三十多个行业，我仍然战战兢兢，如履薄冰。马云在总结自己的成功经验时坦称，人性都有善的一面，也有恶的一面，做管理就是要把人性善的一面充分调动起来。

员工、客户、消费者……最终影响我们的还是一个个具体的人。任何一个消费者都希望自己所购买的产品能给自己带来尽可能大的价值，全心全意地从消费者的角度来考虑问题才是王道。你管理的团队更是由一个个鲜活的人组成的，能不能满足这些人的需求，调动每个人的潜力，是你能否将事业做大做好的关键。

而人的需求极其复杂，既有基础的生存需要，也有诸如梦想、使命等自我实现的需求。一个人甚至可以为了高层次的需求，为了使命舍弃自己的生命。带领团队，钱很显然不是万能的激励因素。看看僧侣，他们因为信仰就可以组成一个具有超强凝聚力的强大团队。

生活中往往没有太多道理可讲，我们知道的道理似乎不少，但在这些道理中真正对我们做事有帮助的并不多。企业高层都喜欢搞平衡，平衡自有其存在的价值，但往往"越平衡，越没有效率"。从发展的角度展望未来，平衡永远是暂时的，就像"天下大势，合久必分，分久必合"一样。从平衡到不平衡，再到平衡，这是发展的必然规律。

但过度的平衡就意味着效率的降低。比如，许多公司在财务方面给营销总监设置过多的审核环节，以达到限制营销总监权力的目的。环节越多，漏洞的确越少。但同时，环节越多，审核就需要越多的时间，以致成本加大，效率降低。

说平衡没有效率，并不是完全批判平衡。企业守正是必需的，守正是基础、是保障，但一味守正是无法出位的，必须出奇。平衡就是守正，打破平衡就是出奇。从这个意义上说，规范的管理是守正，适当的机会主义就是出奇。所以说，极端是创造世界的力量，平庸是维持世界的力量。

制度、效率、平衡、守正、出奇等问题在现实中如何把握与拿捏才合理，书上没有答案，别人也给不了你答案，因为这些问题的背后面对的是一个个不同的人。你所在环境中的人是独一无二的，这就需要你自己去把握，掌握好度，学会用人之道，懂得管理的虚实结合。只有在实践中不断摸索，你才能找到适合自己团队的成功路径。

这本书是我十余年的实践与心得，读者可以带着批判的眼光来读，在实践中一一验证、甄别，希望它能为你所用！

目录
CONTENTS

CHAPTER 1

公司做不大也死不了的症结

十八罗汉阵的启示

> 对于同一套管理系统，在有的人手里牢不可破，在有的人手里却不堪一击。所以说，有问题的不是系统，而是人。企业的管理系统，需要全体管理者共同呵护，如此方能维持企业的正常运转。

◀ **CEO** ▶

小时候看电影《少林寺》，对武艺高强的和尚羡慕不已。但后来再看少林题材的电影，对个人英雄却不再崇拜，反而比较喜欢十八罗汉阵。

只有武艺十分高强的人才可能闯过十八罗汉阵，相比之下，十八罗汉阵对每个成员的要求要简单一些。这些成员通过配合、协作，形成远大于十八人之力的威力，让破阵变得非常不容易。

这就是系统的威力！这套阵法系统是强大的，可以实现很多个人不能实现的事情。然而，它又是脆弱的，只要找准破绽一击而中，瞬间就可破阵。

企业管理与之道理相通，例子比比皆是。

原本定好的制度，在执行过程中，许多违反了制度的员工和领导不去检讨、反思自己，反而质疑公司制度的合理性。

企业用了半年时间才建立起来的早会激励系统，却因为某个领导的一句话，不到一周就被彻底破坏。

管理者前脚刚制定出来的制度，后脚就被自己的特批打破。

……

企业花费巨大精力，打造管理系统，是希望借助系统的力量实现自动、自发的管理。系统没有问题，有问题的是人。

人，会有什么问题呢？

人不去思考为什么会违反制度，不去想违反制度后应该受到的惩罚，反而都在思考一件事情：这项制度是不是有问题，是否合理？

有些口头禅很常见：活人岂能被尿憋死！制度是死的，人是活的！

在这种思想的引导下，一个强大的系统，很快就被有一定权力的人找到了破绽，结果是什么呢？

强大的管理系统被破坏、瓦解！

　　系统还是那个系统，但每个上来使用的人都根据自己的喜好随意更改，否则岂不是显得自己一点儿想法都没有？看来，萧规曹随也需要后来者的智慧，不是什么人都可以像曹参那样"无所作为"的。

　　例如，每个朝代的制度都很完善，但同样的一套制度，由不同的君主来执行，取得的治国业绩却不同，这是为什么？

　　国家的制度没有变，使用制度的人变了，于是一切都变了！同理，企业管理系统没有变，使用管理系统的人变了，于是一切都变了！一样的系统，不一样的人，就会有不一样的效果。

　　系统，在有些人手里变得强大，牢不可破。这样的系统就是电网，有人触碰即刻就会遭到电击。

　　系统，在有些人手里变得脆弱，很容易崩溃。这样的系统，有一个漏洞，就会有两个、三个……最后百孔千疮。

　　系统，其实很脆弱，形成一个约定俗成的行为习惯可能需要半年甚至一年的时间，而改变它只需要几分钟。所以，系统需要管理者共同呵护、共同捍卫，从而保证企业的正常运转。

打天下千万不要做守天下的事情

　　打天下时，一切管理都应围绕一个指标——销售，任何干扰销售的因素都要尽量淡化。这就是很多企业管理混乱却成为黑马的原因，不能不引起企业管理者的思考。

———————————◀ **CEO** ▶———————————

　　星期六，我与老板探讨公司管理系统存在的问题，说到了快消品行业最重要的两个要素——排面和陈列。对于公司是否应将这两个要素导入业务员绩效考核和客户绩效考核方面，我们产生了分歧。

　　老板："排面、陈列是至关重要的，我们不抓过程就不会有好的结果，所以我们最好把陈列、排面导入客户及业务员绩效考核中去。你认为呢？"

我："你说得很对。但很多时候对的东西不一定合适，有道理的话不一定会产生效果！就我们公司现在的状态来说，全国只有六十名驻外的区域经理，而且除了西北地区和河南，其他地区客户都很分散，有的一个省只有一个客户，不太适合将他们导入考核中。我们去年做过尝试，最后发现考核都是虚的。为什么呢？因为我们只有三个督导，根本督导不力。假设今年我们再上五个督导，这样基本可以督导到位，但是八个人的督导队伍，一年运行下来成本很大。我们现在对业务员及客户的绩效考核基本以结果为导向，如果非要考核排面、陈列，非要导入这套检查督导系统，成本会增加很多啊。"

老板："我听张文老师讲，蒙牛之所以发展得这么快，就是因为三个业务员屁股后面跟一个督导，而且当时蒙牛也不是很大啊！没有检查就没有执行力，不要害怕花钱，花这个钱会产生更大的效益。"

我："外界看蒙牛的成功，都以为看到了真正的原因，包括张文老师也在不停地宣讲蒙牛的速度。的确，蒙牛创造了奇迹，但是我们得思考，这样的奇迹为什么没有被第二家企业创造过？蒙牛的速度和奇迹不可复制！我们以为看到了蒙牛成功的原因，其实只是看到了冰山浮在水面上的部分，而水下看不见的部分更大，那部分才是真正的原因。

导入督导系统一定会产生效益，这个我也不否认，相反我很认同。但是，这套系统真的适合我们现在导入吗？我们现在是在打天下，打天下需要管理系统简单有效，不能复杂。它最重要的指标就是销量，唯业绩论英雄，只有如此，才能激励员工攻城略地，快速占领市场。等我们占领了市场，再导入督导系统，性价比才是最高的。所以我的意见是：过两年再正式导入督导系统更合适，现在我们只需要有三个人督导陕西大本营即可，也能产生实际的效益。很多考核看起来很美，运行起来都是虚的（也跟运行的方式及团队有关系）……"

老板有些不愉快地说："那你看吧，我觉得陈列、排面很重要，不考虑好像不太合适。"（显然我并没有完全说服他，至少当时看起来是这样的。）

以上是我摘取的我们对话的一部分。关于这一话题，业内主流的观点也许很适用于大企业的绩效考核模式，但未必适合自己的企业。个人观点是：打天下千万不要做守天下的事情！企业打天下时不要太规范，规范并非在任何时候都适用。有时候，故意的不规范会带来更多的业绩神话，就像华为技术有限公司，其早期的分钱模式充满着创造神话的机会，这样才刺激，才能在最大限度上产生创造业绩神话的英雄。

任何制度的运行，本身都是有成本的。企业打天下时，一切管理都应围绕一个指标——销售，任何干扰销售的因素都要尽量淡化。打天下需要厚此薄彼，如此方能生存，方能求得发展。这也是我们所看到的许多企业管理不规范甚至堪称混乱却屡屡创造神话、成为黑马的原因。这一点不能不引起企业掌舵人和企业组织架构设计者、管理系统设计者们的思考。

超过需求的意外收获是毒药

　　对一个极度饥饿的人来说，给他第一碗饭是救命；第二碗饭是满足；第三碗饭则是毒药。等到他吃第三碗饭时，饭的价值对于他而言，已经完全发生了变化，他哪里还能体会"粒粒皆辛苦"的意义呢？

──────────◀ CEO ▶──────────

　　有这样一个流传很久的故事：一个农夫意外地捡到一只撞死在树上的兔子，大喜之余，他决定不再努力耕田，而是整天守在树前等待再次有兔子撞死。

　　从管理的角度来讲，应该说是那只兔子害了农夫。本来，农夫好好地耕田，也就会好好地过完一辈子，可偏偏上天派给他一只兔子。其实上天也是好意，觉得农夫过于辛苦，所以给他一些恩惠。但是这些恩惠是一种意外的收获，大大超出了农夫的需求，反而害了他。从管理学的角度来讲，对于任何人而言，超过需求的意外收获都是毒药。

对一个极度饥饿的人来说，给他第一碗饭是救命，第二碗饭是满足，第三碗饭则是毒药。等到他吃第三碗饭时，饭的价值对他而言，已经发生了彻底的变化，他哪里还能体会到"粒粒皆辛苦"的意义呢？

所以，许多管理者在给员工的薪资待遇体系当中，设计有基本工资和提成比例。基本工资是每个员工获得安全感的保障因素，这些因素是必须有的，你有并不能说明什么，因为公司每个员工都有。但是，作为保障因素的基本工资若是没有，就会引起员工的极大骚动，因为保障因素在员工的认识当中是必须有的。而我们许多管理者在薪酬体系当中错误地把激励因素当作保障因素。

例如有家公司，定期搞一些员工聚餐的活动，管理者出此计策是因为觉得大家比较辛苦，所以慰劳慰劳。但到了最后，因为处理不当，员工把此行为当作公司在一定时期内必须做的事情，即把原来的激励措施当成了必须有的保障措施。这完全违背了管理者的初衷，增加了管理成本，不仅没有取得应有的效果，反而还起了相反的作用。

就像那个农夫，是那只兔子害了他！

所以，从管理学角度而言，超过需求之外的意外收获都是毒药。管理者要合理设计薪酬体系，以免再次错误地给员工意外的兔子。

不搞人治，但人的作用不可轻视

　　有了好的管理制度，并非就万事大吉了。合适的管理系统和能驾驭这套系统的人缺一不可，没有足够经验和相应能力的管理者，再好的制度也白搭！

──────────◀ **CEO** ▶──────────

　　先看两个真实的案例。

　　公司的销售内勤人员划归财务部门后，管理混乱，导致人员频繁更换，给客户带来极大的影响。更重要的是，在这样的情况下，财务部门的领导还说不敢管她们，比如犯了错误，按照制度是要处罚的，可是财务部门领导说不敢处罚，理由是"一旦处罚，她们立刻就说不干了"。

　　于是，从公司大局考虑，重新将销售内勤人员划归销售部门管理。

半个月后，有位内勤员工犯了错误，按照制度是要处罚一百元的。对此，财务部门领导还是那句话，"不罚了吧，万一不干了呢"，可是我们的营销总监坚持按照制度进行了处罚，结果什么事情也没有发生（当然，在处罚时做了沟通工作）。这件事反而使得其他内勤员工引以为戒，犯错情况渐渐减少。

第二个案例是这样的。公司的月度誓师大会制度运行两年后，有一次月度誓师大会，我和营销总监都在外出差，未能参加。但恰恰就是这次誓师大会，开得非常糟糕，听说主持人差点儿控制不了场面。当然，这并非说我们有多厉害，而是反映了一个基本事实：一样的会议制度，有的领导可以推行，有的领导却无法推行，即使推行也控制不了场面。

同样的员工，在财务部门领导的管理下，销售内勤管理制度无法执行，导致一片混乱，而在销售部门领导管理下，半个月时间就调整过来，并严格按照这一制度推行了。

这就反映了一个问题：有了好的管理制度，并不意味着就万事大吉了。

相同的制度，不同的人去推行，会产生不同的结果。同样的处罚，不同的人执行会产生不同的效果。这是为什么？

韩非子是战国时期法家的集大成者，兼容并顾"术、法、势"三个方面，他的话也许可以给我们一些启示。

"术"是权术，是推行制度的技巧和方法，如第一个案例中所展现的。

"法"是根本，是企业运转的基本规则。秦国任用商鞅变法，主要就是"法"的方面的改变。

"势"是平衡之道、控制场面之道，如第二个案例所示。

在古代君主专制的时代，每一个王朝都有完善的管理系统，可每一个王朝都不可避免地走向衰落和灭亡，原因在哪里？

原因是推行制度的人不同。在有的君主那里，破坏国家体制比死还可怕，而在有的君主那里，他的话就是制度。

一个领导，没有"势"是绝对不行的，那样就无法做到令行禁止，说话也没有一言九鼎的效果。一个团队里，必须有一个人是有话语权的，否则效率会极其低下。至于"术"，可在一定程度上掌握，不必过于深究。

我喜欢看《动物世界》，其实动物的圈子和我们人类相似。老虎是百兽之王，吃饱了没事会在山顶长啸，我们常说的虎啸山林就来源于此。那一声虎啸是告诉所有的动物：我才是你们的老大，你们不要忘记了！那一声虎啸是在不停地强化自己的威势，所以即便老虎在打盹睡觉，其他动物也不敢放肆。

企业管理中有很多事情，虽然结果基本相同，但处理方式不同，其效果就大不相同。

某个杂志上登载了一则中国人和德国人煮鸡蛋的小故事。一个中国人和一个德国人的早餐都是牛奶和鸡蛋，但是中国人普遍把鸡蛋放入锅里，然后开始洗漱，忙完后鸡蛋也煮好了，带走就吃。德国人则不同，他会把鸡蛋放入一个合适的容器里，3分钟水开，3分钟后熄火，鸡蛋刚好达到最佳营养状态，而且节省能源，一切都是有标准有细节的。

可见，虽然结果相同，都把鸡蛋煮熟了，但不同的煮蛋方法能够带来不一样的效果。德国人善于总结，制定适宜的制度和标准，并严格执行，这是领导者非常重要的一项本领。

所以，公司首先要制定出"合适"的管理系统——系统本身永远不会完美，也不必苛求规范，太规范了未必是好事；其次要有可以驾驭这套系统的领导，这才是完美的搭配。

如果有合适的管理系统，却没有可以驾驭这套系统的领导，或者这样的领导很少，那就只有进一步改革体制，改变机制，通过体制和机制的改变来弥补领导力不够的缺陷了。不过，这样的体制，运行成本大都不低。

行霸道可开创局面，行王道则基业长青

中小企业要想快速崛起，必须行霸道，以业绩论英雄，成了气候之后再做王道方面的调整。只会霸道管理，很难基业常青；仅仅依靠王道管理，则无法打开局面。

◀ **CEO** ▶

领导之道各有不同，有的强悍霸气，有的柔软坚韧。

一个事事讲理、事事讲求说服别人的领导，工作起来会很累，这个企业的效率一定不高——管理需要霸气和杀气。一个员工如果没有霸气和杀气，充其量只能做到助理。有时候，我们需要"蛮不讲理、不通情理"，学会了"蛮不讲理、不通情理"之术，就是进步。

富士康就是典型的行霸道的企业。一个全球员工超过五十万人的企

业帝国，没有军队式的纪律和绝对服从，指令的落地和实施就是一句空话。在这样的企业里，提倡将心比心的自助式管理，一定会出大问题。

没有霸道，就没有王道。春秋战国数百年，乃大争之世，儒家之所以无法大行其道，就是因为儒家倡导的是王道。在战火连绵的岁月里，只有依靠武力一统天下，才能换来天下太平、百姓安定。百姓安居乐业之后，才能行王道。秦始皇横扫六合，建立大一统的秦王朝，正是奉行霸道建国理念的结果。遗憾的是，开创秦王朝后，嬴氏并没有采用柔和的王道来管理国家，终于丢掉大好江山。

同样，称霸电子业的"成吉思汗"郭台铭，依靠霸道管理崛起后，也没有做王道方面的调整，导致震惊世界的员工"十三连跳"。这难道不值得我们深思吗？

大仁不仁。企业管理不能依靠大家的自觉，必须依靠严格的管理制度和高效的纠正体系，这样才能奠定企业管理的基础。在此基础上，培养企业文化，提炼企业信仰，注入企业精神和灵魂，从意识形态上影响每一个员工。

个人认为，中小企业要想快速崛起，必须行霸道，以业绩论英雄，激励员工用业绩赢得尊重与荣耀。说穿了，不管白猫黑猫，抓住老鼠就是好猫。不管你出身如何，业绩好就是老大，就是光荣，就能获得更多的东西。当企业打造了这样一个平台后，会有更多的人蜂拥而至，业绩好了公司发展自然就快。

我见过这样一家做白酒代理的企业，它2010年的销售额是5300多万元，在地级市公司中规模还算不错。这家企业对人才的依赖度特别高，因此业绩浮动较大：招到优秀的销售人员，业绩立刻上浮；在几位优秀的销售人员离职后，业绩就明显下降。

这家白酒商贸公司的管理系统比较简单，在这种系统下纯粹依靠业务人员单枪匹马作战，无法实现团队协调作战。曾经在一段时间内，这种模式很有效，但是优秀业务人员的相继流失对企业销售业绩产生了很大的影响，也迫使企业重新审视自己的管理系统。中国有很多这样的企业，做不大也死不了。做不大是因为它们对人才的依赖性太强，管理系统弱必然要求销售人员能力强来弥补。该公司两年后依然没有调整到位，销售额仍然在5000万元左右。

一家企业，只会霸道管理，很难基业常青；仅仅依靠王道管理，无法打开局面。所以，霸道是开创局面的管理手段，王道是维持、巩固局面的管理手段。管理者也是如此，霸道可以迅速纠正企业风气，快速改变团队的状态，提升业绩，建立健全各种管理制度（即王道）则可以进一步巩固这种成果。

我看了电视剧《贞观长歌》后，感触颇深。李世民通过玄武门之变获得帝位，难道不是依靠霸道吗？如果李世民固守儒家的王道思想，他能这么干吗？而在获得帝位后，面对北方崛起的突厥部落，李世民在继续采用霸道管理的同时，也掺杂了王道管理，最终获得北方战场的巨大胜利，被草原人民尊称为"天可汗"。

历史朝代的更替更能说明霸道与王道的关系。历史上大多数开国之君推翻前一个朝代时实行的都是霸道，也即所谓的战争，此时霸道是最有效的方式，能帮助朝代创业者快速实现自己的目标。但是创业者成功开创新朝代后，立刻就会思考如何淡化霸道，奉行王道。

古人说：乱世用重典，太平用王道。企业的管理和历朝历代的统治一样，道理莫不如此。

要不得的公平

合理的不一定合适，一个薪酬系统如果不能给人创造业绩神话的希望，即便科学却未必高效。企业初创期必须充满英雄崇拜气息，做大了才能考虑公平，以降低对英雄的依赖程度。

———————————◀ **CEO** ▶———————————

依旧从历史说起，自古乱世出英雄，我们都视为理所当然。可是仔细想想：为什么说乱世容易出英雄，而不说太平盛世容易出英雄呢？

有人说乱世给了英雄用武之地，那为什么太平盛世就无法给予英雄用武之地呢？如果无法给英雄用武之地，那么到底给了谁用武之地呢？英雄又在哪里？

乱世出英雄，这句话在我看来，无疑是悲哀的，最起码是太平盛世时社会的悲哀，是当时社会管理体制的悲哀！

试想，若社会体制科学合理，能够做到人尽其才物尽其用，那么太平盛世依然会有英雄的用武之地，何必非要到乱世呢？正因为当时选拔人才的系统不够合理，诸如讲究门第以及自古就有的潜规则，所以虽然通过科举或其他途径选拔的官员中不乏优秀的人才，但在大多数皇帝当政时期更多的贤才只能望官场而叹息。

由乱世进入太平盛世，自然会产生并运行新的管理系统，这种管理系统相对复杂（初衷也是想让人才的选拔尽量科学），在大浪淘沙之下，自然有许多金子会被冲走，但最高管理层只能选择这种虽然不是非常科学但能保证不出大错的管理系统，以保证帝国获得所需人才。这样筛选出来的人才大多中规中矩，不求大功但求无过，似乎气质相同。（这一点和大企业类似，大企业只要保证不出错即能进步，只要不出致命的问题一般不会倒闭。）

到了乱世中，旧有的体制和规则几乎全部废弃不用，社会立即启用新的管理系统，这种新的管理系统往往具有极强的生命力，因为它简单有效。

比如曹操，不过一校尉，若非乱世，终其一生也不过官升三四级（因为曹操是宦官之后，被人瞧不起），可适逢乱世，终成一方诸侯，官至丞相。刘备不过一织席贩履之徒，关羽不过一个小商贩，张飞不过一屠户，按当时东汉的正常体制，他们都无法出人头地（不能不说是东汉当时体制的悲哀），可在乱世中几人都成了了不得的人物！还有诸葛亮，若在盛世中，依照当时的人才选拔系统，入仕之路未必顺利，但上天终于给了他机会，乱世之中成了万人敬仰的蜀国丞相。我们难道不应该思考一下东汉管理系统及高层的问题吗?

乱世启用的管理系统简单有效。秦国军队弱小，商鞅改变绩效考核方式：不论出身门第，只要杀敌达到规定的标准，即可享受对应的待遇，通过杀敌数目这个简单的指标来确定封赏，最高可封为彻侯。所以秦国还是那个秦国，秦人还是那些秦人，武器还是那些武器，但整体却忽然就变得可怕起来，秦国的军队变成一台无坚不摧的杀敌机器！

企业的经营也是同样的道理。初创期，不需要复杂的管理系统，按销售提成，简单有效，所以销量迅速增长。一旦进入守成阶段，人员增多，机构变得复杂，就需要更加复杂而科学的管理系统。不过，任何管理系统的运行都是有成本的，如果用于监督和督促的管理系统的成本大于督促本身产生的效益，企业就该消失了。

有一天我们开会，讨论制定2011年的战略，在薪酬体系上讨论良久。旧有的薪酬体系虽不太科学，但简单有效，几乎不用财务计算，业务员就知道自己该拿多少钱，而且充满创造奇迹的机会，一不留神就会创造一个工资神话，整个团队都觉得异常刺激。而准备采用的新的薪酬模式，相对理性科学，创造神话的机会比较少，更看重过程指标，看起来似乎很不错。

但多年的管理经验，尤其是薪酬体系设计经验告诉我：一个薪酬系统若不能给人一不留神就创造业绩神话的希望，即便科学却未必是高效的！因为"稳定"是以牺牲"高效"换来的，稳中求胜的路径拒绝了奇迹的迭出，将英雄与庸才的距离拉得更近。

当然，从企业的角度来看这没有错，随着企业的发展壮大，通过系统的完善可以降低对人才的依赖程度。但是，当企业的英雄和普通员工看起来差别不是那么大时，也就大大压缩了英雄发挥才能的空间，降低了企业创新的能力，自然也就减缓了企业发展的速度。

优秀的人才会受薪酬体系的制约，普通人会受到薪酬体系的恩惠。也可以说，薪酬体系若是对所有人都公平，也就意味着对优秀人才不公平。如何取舍，就看企业此时最需要的是什么。如果需要照顾优秀的人才，薪酬的设计就表现为上不封顶，容易产生业绩神话；如果需要照顾大多数人，不同人的薪酬差别就不能太大。

所以，无论处在哪种阶段，企业都要寻找适合自己实际发展情况的薪酬模式，如果想要发挥团队高效的能动性，科学合理的薪酬系统就不一定合适。

追求快速发展的企业，必须充满着英雄崇拜和疯狂的气息，必须充满着不确定因素，而且一定不能缺少业绩神话。

乱世出英雄的模式，企业初创期可以借鉴，喜的是可以刷新业绩，英雄辈出，忧的是过度依赖英雄，最终必然要为此付出代价。企业掌舵人要清醒地认识到所处的阶段，根据企业的战略目标在不同时期采取不同效率的管理系统。对下属驾驭能力很强的老板，即使企业有了一定的规模，也依然喜欢充满英雄崇拜气息的管理系统，因为高效可以创造神话。对下属驾驭能力弱的老板，大多会选择稳定、好控制、流水化分解作业的管理系统，因为安全。不过，这是更适合市场领导者的管理系统，因为领导者需要的是保持现状。

没有记录的公司迟早会倒

如果你的企业有一本"圣经"，企业理念、远景、行为准则等全部在里面，简单实用，且新员工入职必须学习并且考试合格后才能上岗，那么管理就会变得简单起来。

◄ **CEO** ►

世界上发行量最大的印刷品，你知道是什么吗？

《圣经》！

世界上被翻阅次数最多的印刷品，你知道是什么吗？

佛经！

这两大宗教之所以如此深入人心，是因为它们有许多珍贵的文献资料。用俗话说：文化做得好！

假如没有《圣经》，又有多少人知道基督教是怎么一回事？正因为有了《圣经》的记录，其教义才能广泛传播，才能对人们产生深刻的影响。

佛教集团起家于印度，市场做得最好的地方却是中国，业绩最辉煌的时期可以说是唐朝。因为上层支持，所以有了唐僧这么一号人物，历经千辛万苦取回五千多卷佛教真经。五千多卷，可见佛教文化之博大精深，佛教岂能不发展？

一个没有记录、没有文化积淀的组织，一定不可能长久！

一家没有文字、图片记录其发展历程的公司，迟早会垮掉！

我加入某家公司时，其销售人员总数刚刚从以前的六名变成三十多名，几乎没有可用的管理制度，更没有任何销售记录以及其他文字材料的积累。

很是奇怪，有这么一种规律：越是大公司，对人才的依赖程度越低，越是不缺人才；而越是小公司，对人才的依赖程度越高，越是缺人才。

我还发现这么一种现象：即使是中小型公司，也是管理系统越完善，对人才的依赖程度越低，假如有高管或者某重要岗位的主管离职（这里指未按正常流程离职或交接不力），给公司带来的影响就相对较小，反之则大。

于是，我和老板采取了一系列措施。

第一，建立公司管理制度，尤其是销售数据分析系统，做好文档管理；

第二，公司任何形式的活动或会议均拍摄照片或视频存档，并要有会议记录可查；

第三，依靠群体智慧总结、提炼销售技巧，并将之编制成册，打印后发放给销售人员人手一册；

第四，用Excel（一种表格软件）建立详细的客户档案，并对特殊政策客户加以备注，以便销售人员更替后能有详细的信息；

第五，建立工厂各项单品生产出成率、人均产量、单项成本、人资成本等各项财务数据档案，甚至包括工厂各种单品的耗材安全库存数据；

第六，晨会、夕会按时开，周一、周三、周五军训，重要制度编制成"三大纪律八项注意"；

……

依靠这些措施，促使各岗位人员对公司发生的大部分事情做记录，以供分析。

在拥有数据的基础上，管理会更有方向，更精确！如同汽车上的里程表、速度表、油表一样，能给开车者提供数据参考。

我所在的这家公司，曾经发生过太多的不幸。在公司管理系统未建立起来的时候，经常面临某重要岗位主管辞职，接任者上来后发现工作情况记录几乎是一片空白，他所能了解的资料实在是少得可怜。在这种情况下，主管更换的代价往往很大。如果有比较完善的记录，任何人接手后都可借助这些记录快速熟悉公司的运行状况。

后来，在工厂改革过程中，发生了这样一件事：管理包装袋的员工在这家工厂干了近六年，对公司一百多个单品的耗材月需求量比较熟悉，后来他因为家里有事请假一个月，厂里就乱套了！

为什么？因为没有记录，没有这些耗材消耗量的相关记录。这名工作了六年的老保管，完全是靠自己六年来积累的感觉工作的，新来的工人怎么可能和待了六年的老工人相提并论呢？就是给他半年时间他都无法熟悉状况，无法进入工作状态，这就是"没有记录惹的祸"。

这样的情况会造成什么后果呢？

在公司销售旺季，一百多种规格的包装袋，不是这种断货，就是那种缺货，严重影响销售。月述职会议后我决定：由营销中心销售内勤根据往年单品销售数据，提报包装耗材的月安全库存明细；任何库管，对照墙上贴的安全库存明细，只要发现单品实际库存低于该数据，就要即刻下耗材生产订单，另外在该安全库存明细运行过程中，若发现数据有不够准确的就随时调整修正，直到准确率达到95%以上为止……这样做，大家都不累了，事情也变得简单多了。

这就是"有数据可参考"的价值。

在电视剧《西游记》中，存在神界、人界和魔界三个不同的世界。

神界是指神仙和佛菩萨所在的世界，是人类基本只能仰望的神圣世界。

人界是指现实的世界，多指地球，我们所生活的社会即为《西游记》中的人界。

魔界也称鬼界，令人恐惧的地狱般的世界。

佛教描述的世界更为广大，它的包容力更强。甚至有人做了人神共愤的事情，仍然让他活着，只不过天上、人间都不让他居住，只能让他在地狱里继续活着！

在中国，连普通小孩都知道天上一日地上一年的传说，以及如果谁有十恶不赦的恶行，必然要下十八层地狱、要下油锅之类的佛教故事。

宗教的广为人知和生生不息，源于文化不断得到传承和发扬。只有文化深入人心，宗教信仰才能真正深入人心。

如果你的企业也有一本"圣经"，企业理念、远景、行为准则等全部在里面，简单实用，新员工入职必须学习并且考试合格后才能上岗，管理就会变得简单起来。

酱油瓶子倒了怎么办

　　酱油瓶子倒了，不能一味地习惯于自己去扶。我们要去发现并培养能扶酱油瓶子的人，让他去制定扶瓶子的流程标准。刚开始可能觉得麻烦，但这是先难后易，可一劳永逸。

◀ **CEO** ▶

酱油瓶子倒了，扶不扶？

当然，生活中若酱油瓶子倒了，肯定是要扶的。在企业管理中，酱油瓶子倒了好比发生的各种各样的问题，一旦问题发生了，你怎么办？

我曾经管理过一家三百多人的企业，在任上整整半年，总是做高级救火员，每天不停地处理发生的各种问题，很少涉及具有开拓性的事情，弄得身心疲惫。

在这半年当中，我先是主抓各个部门的管理工作，完善各个部门的管理制度，从最容易发生问题、最容易扯皮的地方着手，制定流程，落实责任，短时间内也起到了一定的效果，但是自己很累。自己主抓的部门管理相对规范，但相关平行部门的配合跟不上，容易脱节，结果是销售部门拽着其他部门跑步，其他部门拖着销售部门后退，财务没有服务于销售，反倒是财务怎么方便就要求销售怎么配合。

每天不停地协调，不停地处理问题，每个问题看起来都是十万火急，如果当时不处理就会发生很大的问题，就这样到了那年秋天。

我开始调整思路，给各个部门物色可以胜任的部门领导，由他们来完善自己部门内部的管理系统。我所做的，从以前的"管事"调整为"理事"，通过日益完善的管理系统来减少问题的发生，问题发生后系统也能自动处理。

从"管事"到"理事"，然后又调整为"理人"，致力于发现并培养优秀的部门经理，由部门经理来负责管理的完善，我所做的就是监督管理系统的实施。这样，我每天就有更多的时间来思考公司的现状和未来，比如我们的思路如何调整，我们未来几年的走向，以及我们的业务模式、管理机制等更重要的问题。

所以，酱油瓶子倒了，不能一味地习惯于自己去扶。我们要去找扶酱油瓶子的人，去发现并培养扶酱油瓶子的人，让他去制定扶瓶子的流程和标准。也许刚开始你觉得培养一个能正确扶酱油瓶子的人太麻烦，还不如自己两三下就扶好了省事。可是，你一定要记着，尽管让他正确快速地扶起酱油瓶子不容易，但是一旦培养好了，以后就永远不需要你自己再去扶瓶子了，这属于先难后易，一劳永逸。

如果我们觉得培养人麻烦，那么就只能自己不停地去扶酱油瓶子。虽然开始觉得简单，但时间长了你会觉得很累，而且如果企业高层整天只是解决问题而不能改善制度，恐怕投资人就不愿意了吧。这属于先易后难，开始简单，以后会有无数的麻烦。

《韩非子·八经》中说："下君尽己之能，中君尽人之力，上君尽人之智。"尽己之能就是依靠自己的力量去完成任务，去扶酱油瓶子；尽人之力就是要建立一种制度体系，让人们都有活儿干，权责分明；尽人之智是用人的最高境界。

一个领导者，既要是一个优秀的管理者，还得是一个具有明确战略方向的引导者。因此，领导者要创造条件来确保战略和决策的有效实施，而要做到这一点，就得在战略方向明确之后，选用正确的人去做好正确的事，这就是"人尽其才，物尽其用"。

任何领导者都不可能考虑得面面俱到，唯有建立合理的管理体系，才能达到"人尽其才，物尽其用"的理想境界。

有人说，酱油瓶子倒了不扶岂不是要蒙受损失？世间事没有那么绝对的事情，如果绝对地去理解，任何话都站不住脚。任何一种体系都有其存在的价值，但它们毕竟只是企业管理的工具，是帮企业花费最小的成本取得最大效益的工具，并非绝对的真理。当酱油瓶子倒了，问题变得很严重，身在现场的人的任务就不是选人用人了，而是需要在第一时间制止事态进一步恶化，然后追究责任人。最实用的管理方式，绝对是基于对现实的尊重。

从自己扶瓶子，到帮助部门经理制定扶瓶子的流程和标准，最后转变为发现并培养扶瓶子的管理者，借助于管理者来制定扶瓶子的流程和标准，而自己督促并推进系统的实施，这是我个人管理能力成长的过程。

当然，现在虽然找到了合适的扶瓶子的管理者，但这并不意味着自己就轻松了，依然会觉得很累。也许，实际的管理工作永远不会和我们想象的一样轻松，但这并不妨碍我们探索更有效率的管理机制。

所以，我们一直在路上。

CHAPTER 2

管理要虚实相间

务实与务虚，鱼和熊掌可以兼得

企业文化的物理变化和化学反应

看到别人看不到的：曹操迎汉献帝的意义

缺少战略，梁山不再可怕

决断不对你会失败

中秋节有月饼，你的企业文化有什么

管理，玩的就是数据

有信仰，百年企业才不是奢谈

务实与务虚，鱼和熊掌可以兼得

　　务实是一种踏踏实实的精神，务虚是一种大而广的方向。不要小瞧"不打粮食的闲人"，他们可以帮助企业打破发展的瓶颈，产生直接的经济效益。如何处理务实与务虚的关系，决定了企业前进的速度。

◄ **CEO** ►

装修得漂亮的写字间，能让来访的客户感觉这公司实力雄厚！

穿着有品位有档次的人，给人不同的感觉：这人不一般！

一个从奔驰车上下来的人，虽然看起来并没有什么特别，但在许多人眼里，就是不一样：你看那走路姿势，你看那气质……

开着宝马打工和骑着电动车打工，完全是两个概念，即使两个人能力一样，老板也会对开宝马车的那个人另眼相看。

……

有些人会说：用得着那么虚伪吗？

用得着，绝对用得着！这是两种不同的思维方式，一个务实，一个务虚！哪一个更好？没有绝对的答案。

举例来说，一个农民整天穿着西装锄地，别人会说他脑子有问题；一个职业经理人如果穿着随便，别人会说他穿衣没有品位。农民没必要玩虚的，踏踏实实种庄稼就行，职业经理人就不同了，这就是电视剧《大染坊》里陈六子让少东家穿洋装接待客户的原因。

华为专门设立有政策研究机构，一大群人整天研究公司运营模式，思考市场走势，纯粹一帮玩虚的！可就是这帮玩虚的人，玩出了惊人的成绩！

蒙牛公司有种会议叫务虚会，专门讨论看起来很虚的事情。研究着讨论着，这些虚的事情就变成"实"的事情了。

所以，务实是一种踏踏实实的精神，而务虚是一种大而广的方向。

想当年刘备带着张飞、关羽两员猛将冲锋陷阵，连个落脚的地方都没有，今天投袁绍，明天投曹操，甚至连吕布都投靠过。难道张飞、关羽不厉害吗？非也！关、张二人绝对是冲锋陷阵难得的将才，但他们太务实了，他们不懂得务虚，所以才这么狼狈。后来诸葛亮出来，搞了一些"虚"的东西，终于有了落脚之地，三国鼎立的格局才得以形成。

小企业需要务实的人才攻城略地，冲锋陷阵，因为此时生存下来就是最大的战略。中型企业仅仅依靠务实是无法进一步发展壮大的，必须务虚。有一次，我与老板笑谈，准备公司新区落成后请个非洲黑人做门卫，让那些参观的客户吓一跳；再请个欧洲美女做前台！有必要的话，高管团队融入一个外国人才，跟"国际化"又靠近一步。虽说非洲黑人门卫比国内门卫工资高，是务虚，但这个务虚会产生安保之外的非直接的经济效益！

擅长务虚的人才，如果到了小企业，一定很难有发展的空间。而企业的创业元老，若不能随着企业的发展壮大而更新进步，就只能退出舞台，因为此时企业的发展更需要务虚的人。

企业文化永远是胜利者的战利品，有一定的经济基础或实力才能谈如何务虚。仅会务实的企业发展到一定程度会遇到瓶颈，如何处理务实与务虚的关系，决定了企业前进的速度！

在马上能得到天下，但在马上治不了天下。古代打天下的人大都没文化，却希望子孙后代有文化，而最终又被没文化的人拉下马。这说明一个问题：企业草创期需要攻城略地的务实型人才，发展壮大后必须吸纳务虚型人才。中型企业需要"文人谋士"，由他们来玩虚的，才能实现长久快速的发展。所以，曹操在赤壁失败后长叹：假使郭嘉在，当不致有如此之败！但如果企业一味务虚，最终就会被务实又务虚的对手击败。

在中小型企业里，研究战略、政策和管理系统的人通常被刚刚转型过来的老板认为是"不打粮食的闲人"。尤其是很多家族企业的老板，常常抱怨十几万元的年薪养了一个还没我们忙的闲人，搞不懂！当然搞不懂，如果这些人能搞懂，干吗还要聘请外人？但实际上，正是这些"不打粮食的闲人"决定了今年甚至明年能打多少粮食。

很多企业在每天的晨会上朗诵企业文化，有人觉得这是形式主义，持反对态度。升国旗、奏国歌能当饭吃吗？当然不能，但能取消吗？显然不行。打仗时吹冲锋号不只是一种命令，更可以造成精神的瞬间沸腾。军队口号是形式吗？也不是。

这些都是务虚的形式，却可以产生精神力量。晨会朗诵企业文化的团队，一定比晨会什么都不朗诵的团队更好带。

企业文化的物理变化和化学反应

　　企业中有生命力的文化犹如宗教的信仰，可以影响一个人的判断标准，约束人们的言行，正应了那句话：制度管人，文化管心，组织气候关乎企业发展和基业常青。

――――――――◀ **CEO** ▶――――――――

　　谈到企业文化的影响力，有两个大家熟知的案例可供剖析。

　　中国四大名著之一的《水浒传》中，梁山泊这个组织的企业文化是什么？

　　大多数人都不陌生：替天行道！这里面有两层意思，一层是"替天"，"天"指上天，又指天子。梁山泊集团一开始就表明了立场，并不是要和朝廷对着干，而是代替上天或天子管理，所以他们的行为没有

"大逆不道"或者"谋反"这么严重。另一层是"行道","道"指正确的方式、规律。

八百里水泊梁山，就在今天的山东。提起山东，许多人都会想起鲁国。孔子出生在鲁国，曾官至司空，孔子的儒家文化中深深地植入了忠君思想，影响中国几千年，一百零八个怪才齐聚梁山也未能摆脱它的影响。

许多人都叹息，宋江最后怎么投靠了朝廷，受了招安呢？其实，梁山泊组织最后的结局基本上在一开始就决定了：忠君思想深深植入流传千年的儒家文化，而梁山又位于深受儒家文化影响的齐鲁大地，因此梁山泊最后必然走向招安。绝对不能背叛朝廷，绝对不能做谋反这种大逆不道的事情，这个罪名太大，宋江等人都不愿意背负！

民国时期，袁世凯窃取了大总统职位，后又企图当皇帝。被世人唾弃的事情别人不敢干，尤其是读书人不敢干，但袁世凯干得出来。

袁世凯未受儒家文化太多的影响，做事胆大妄为，根本不理会什么天道人伦，只要对他袁世凯有好处，这件事情就可以干！袁世凯不按套路出牌，孙中山自然不是他的对手。

宋江、袁世凯，这两个不同时代的枭雄的成长背景不同，尤其是受儒家文化影响的程度不同，所以他们做事的评判标准差异很大，结果更不相同。

引申到企业管理方面：企业文化的渗透和作用过程是物理变化的，

需要长时间的坚持，但企业文化的表现结果是化学反应，关键时候高下立判。同样一个人，受到不同企业文化的影响，他做事的方式也会不同。

企业中有生命力的文化犹如宗教的信仰，可以影响一个人的判断标准，约束人们的言行，正应了那句话：制度管人，文化管心，组织气候关乎企业发展和基业常青。

看到别人看不到的：曹操迎汉献帝的意义

我能看到别人看不到的！优秀的管理者应该做到这一点。这需要灵敏的嗅觉、快速的信息过滤能力以及抗干扰能力，抽丝剥笋地找出关键点。

――――――――――◄ **CEO** ►――――――――――

我比较喜欢看也比较喜欢研究历史剧，写的这些管理文章大多与之相关。这些文章百分之百是我管理经历中的感悟，遂即提笔记下题目，以便晚上静下心来时，看到题目就能想起话题。晚上坐在电脑前一气呵成，基本上都比较简短。写完后一般立即发出来和大家分享，所以难免有些不够严谨，有些纰漏，这是后来回过头去看时发现的。可还是一写完就发出来，因为即使不发出来，也是埋在电脑的文件夹里，很少有时间再看一遍（说没时间都是借口，我也一样）。

再说《三国》，有人疑惑：你怎么老说《三国》？我近期看了新拍的《三国》，有许多感悟，好东西依然要和大家分享。（未必是真正的好东西，先自夸一下。）

上个星期，与公司人力资源总监、营销总监探讨看《三国》的感悟（因为我在看，所以他们两个受影响，并非很推崇这部电视剧），我要求，每人说出对个人启发最大的两件事（说了一件就到开会时间了，只好停止讨论），以下是我们的原话：

营销总监："世人皆说关羽忠义，其实关张二人，刘备可以不防备张飞，却要注意关羽，因为张飞愚忠，关羽有思想。（他联想到了企业内部人员的驾驭问题。）《三国》的结局以刘备三兄弟失败而告终，可是假如刘备统一三国，成功当上了皇帝，关羽的结局会怎么样呢？会善终吗？不一定吧！"

人力资源总监："关羽过五关斩六将，千里走单骑，太感人了，这样的员工实在太好了！"（他联想到企业内部需要的人才，最好是又'红'又专的，尤其是要'红'。）

他们都是从自身职业和当时的现状出发，观点很有意思。以关羽来说，企业确实需要塑造"关羽"，以影响其他员工，老板也需要驾驭高管以求平衡。我也从自身职业的角度出发，讲了曹操迎汉献帝的事情。

在《三国》中，西凉兵攻破长安，汉献帝从长安逃亡的消息传到各地主、豪强那里，大多数诸侯没有响应勤王护驾的号召。袁术没看出这对自己有多大意义，只有袁绍的谋士许攸看出此乃千载难逢的机会，力劝袁绍奉诏勤王，但另一谋士田丰却说如果将汉献帝迎接回来，谁做老大？难道让他做老大吗？

显然，田丰让袁绍下定决心，对汉献帝不予理会。诸侯中唯独曹操千里奔袭赶往芒砀山附近，当时有这么一段精彩的对话：荀彧说，探子来报，袁绍没有前来救驾。曹操在马背上长出一口气，马上轻松起来，笑着对荀彧等人说："人昏庸到这个地步，真是叫人喜欢啊！"

曹操的眼光可见一斑，从此曹氏集团每战都师出有名。正义之师替大汉天子举兵讨贼，振臂一呼，应者如云。要知道在当时的封建社会，人们深受儒家思想影响，若无正当的理由，难以得到大众的响应。曹氏集团里有很多正统的兵家、法家型人才，就说明了占据大义名分的必要性。

看《三国》到此处，我恍然大悟：曹操注定了要成功！他能看到别人看不到的机会，他看到了未来二十年的事情，所以他是政治家。（据说企业家可以看到未来十年的事情）

我的一个助理，在老板问他和别人有什么不同时，他说了这么一句话：我能看到别人看不到的事情！这需要灵敏的嗅觉、快速的信息过滤能力以及抗干扰能力，抽丝剥笋地找出关键点。

你，是否也经常这样做，总能在一堆绳子里快速找出红色的那一根？

缺少战略，梁山不再可怕

梁山泊集团必定推不翻大宋王朝，因为他们没有懂兵法的将帅，没有实施屯田的战略，没有将自己的文化传播到广大群众中……所以，公司的战略不能只是高层知晓，要让基层员工也知道，并拿出足够的时间来执行。

◄ **CEO** ►

最近电视上演新《水浒传》，看了几集，想到两个问题——恐怕很多人都想过这样的问题：

第一，如果梁山泊集团没被朝廷招安，而是选择和朝廷对抗到底，企图推翻腐朽的大宋王朝，是否可以成功？

第二，如果梁山泊集团和南方的方腊集团合并，一起来推翻大宋王朝，是否可以成功？

我的答案是：他们不可能成功！不管是宋江集团还是南方的方腊集团，甚至他们联合起来，都不会成功！

原因稍后再说，我们先按照一些人希望的来想一下，如果你认为他们会成功的话，理由是什么？仅仅凭梁山一百单八将吗？

一百单八将虽然人人都很厉害，都是民间传说中的英雄，但终究是匹夫之勇，难成大事。

项羽"力拔山兮气盖世"，勇猛至斯，也悟到了"百人敌"的局限，而要叔父教他"万人敌"的兵法。可是，梁山好汉有谁懂得兵法？梁山泊集团打得最好的一仗，莫过于三打祝家庄。可是，连祝家庄这么小的一个庄子都那么难啃，又怎么打整个大宋王朝那么多的重镇要塞？

有人说，吴用足智多谋，人称智多星，难道梁山泊集团的军师也不行吗？

吴用的确有谋略，但吴用的谋略更多的是"术"的层面的东西，缺乏一定的战略高度，又遇上宋江这么一个押司出身、深受儒家思想影响的CEO，又怎么可能有足够的动力、足够的能力去推翻朝廷？从宋江内心深处说，儒家忠君爱国的思想使得他不愿意落得个叛逆之名，所谓逼上梁山就在于此。

梁山泊集团失败的原因，可以从以下两个主要方面展开战略检讨。

第一个方面，虽然梁山泊"替天行道""大碗喝酒大块吃肉"等企业文化口号通俗易懂，可是梁山泊高层并没有将这些口号发扬光大，深入传播，发动广大群众，获得他们的支持，实为成功之处的一大败笔。正所谓战略要详细拆解，并让广大基层员工了解，才能得以实施，梁山泊的败笔不能不让我们今天的很多企业深思。

抗日战争的胜利，就是国共两党合作，组成抗日民族统一战线，最大限度地动员了全国军民，长期共同抗战的结果。正如胡锦涛在中国人民抗日战争暨世界反法西斯战争胜利六十周年纪念大会上所说，"伟大的抗日战争，唤起了全民族的危机意识和使命意识。在中华民族反抗外来侵略的历史上，从来没有像抗日战争这样，民族觉醒如此深刻，动员程度如此广泛，战斗意志如此顽强。军队与老百姓相结合，武装斗争与非武装斗争相结合，前方斗争与后方斗争相结合，公开斗争与隐蔽斗争相结合，特别是敌后军民广泛开展的伏击战、破袭战、地雷战、地道战、麻雀战等游击战的巧妙战术和作战方法创造了人类战争史上的奇观，使猖獗一时的日本侵略者陷入了人民战争的汪洋大海之中……"

另一个方面，打仗打的是钱粮，不知道梁山泊集团有没有深刻意识到这个问题？后起之秀与财大气粗的大宋王朝对抗，没有自己的战略根据地，如何站稳脚跟？

刘邦能打败项羽的关键原因之一是萧何坐镇关中，源源不断地供应着粮草，所以他不害怕前方打败仗，也败得起。三国时期，当孙权和刘备梦游一样无所事事时，曹操已经实行屯田制，积累粮草和财富，从而为魏国成为三国中的第一强国奠定了基础。

而挑战大宋王朝的梁山泊集团呢？却在占领水泊梁山后没有实施根本的战略：屯田并吸引势力范围内的百姓致力于农耕，建立有效的政府组织……

如果没有这些措施，梁山泊集团凭什么和朝廷对抗？打得起持久战吗？有源源不断的钱粮供应吗？有可替补的预备部队吗？都没有！即使一百单八将中有懂得大兵团作战的将才，又能撑得了几年呢？老百姓又有几人了解并认可梁山泊文化，进而支持他们呢？

所以，毛泽东说李自成、黄巢之类是"流寇"，"流寇"自然没有固定的根据地来实施自己的战略。梁山泊集团虽然不是"流寇"，将在地理上占优势的水泊梁山作为根据地，但并没有实施进一步的根据地战略，并没有获得广大群众的支持，自然也就不可能取得最终的胜利。

举凡公司战略，如果只有高层知晓，是没有任何意义的，必须让基层员工也知道。

战略也是需要时间的，没有一定的时间，战略的巨大效用是无法体现的。

对中小企业而言，"以市场养市场"的战略是很适合的，集中资源攻克一个市场，依靠该市场赚的钱维持公司经营，同时支付开发新市场的成本，是比较经济可行的方法。

很多人赞同"小公司没有战略，活下去就是最好的战略"的说法，这句话无可辩驳。如果公司都快死了，谈何战略？把销售做起来并活下去就是最好的战略。可是，如何把销售做起来？如何活下去？这难道不需要一定的方向和方法吗？

有的企业坚信"少就是多"的战略，比如产品，多了不一定好；而有的企业坚信"多一个产品，就多覆盖一种需求"的理念，认为更多的产品让经销商和消费者有更多的选择。

其实没有绝对的答案，在公司创办初期产品多了确实很有好处，但随着公司的发展壮大，不断淘汰产品，缩减产品线，更有利于集中资源对重点单品做深度推广。

"流氓不可怕，就怕流氓有文化"，这句话说得多好！虽然有人说梁山泊集团中的人不是土匪就是杀人犯，与流氓无异。但是我觉得这样的"特种兵"军团，如果有高瞻远瞩的战略把控，其威力会十分惊人。

决断不对你会失败

　　如果知道军情就一定能打仗，岂不人人都成了将军？如果得到信息就一定能够正确判断，怎么会有那么多企业消失？决断是人类最大的智慧之一，决断正确则发展顺利，决断失误企业很可能就失败了。

────────◀ CEO ▶────────

某个电视剧中有这么一个情节：

孙文先生在广东起义的消息传到广东巡抚那里，广东巡抚继续喂他的鸟，没有当回事。

消息传到军机处，时任军机大臣的翁同龢与荣禄的反应各不相同。

翁同龢揶揄地说（他大概觉得荣禄的反应有些夸张），一个小小的毛贼有什么值得大惊小怪的？全国比这实力大得多的毛贼不知有多少个。可是荣禄却严肃地说孙文和那些小毛匪子不同："在巡抚衙门门前剪辫子，不打家劫舍，不要钱，还往里贴钱！这还不说，对内有檄文，对外有宣言，还要建立什么合众政府。试问，哪个小毛匪子有如此明确的纲领啊？我敢说，将来对朝廷危害最大的莫过于孙文。"

从这个故事中，我们看到，同样的消息，不同的人有不同的判断，不同的判断产生的结果天差地别。由此可见，知道消息或者得到信息并不能代表什么，决断才是最关键的！

如果知道消息就一定能够打仗的话，岂不人人都成了将军？如果得到信息就一定能够正确决断的话，怎么可能有那么多的企业消失？搜集并获取信息只是初级阶段，如何判断信息并根据信息做出决策才是高级阶段。

《三国演义》里也有很多类似的案例，同样的消息，传到不同的领导那里，最终的决断不同，导致国家形势起起伏伏。

今天，企业经营中依然存在太多的关于决断的血泪故事。消息是公开的，有时候几乎是透明的，可是如何决断却是衡量一个人领导水平的关键。

历史上的朝代更替，无不与君王的决策有关。消息上报给最高统治者，不同的人有不同的反应。袁世凯不顾各方反对，坚持称帝，就是一个错误的决断。最后，他被迫取消帝制，随后病逝，落得个遗臭万年的结局。

最近读了《英国的两个决策失误》一文，文章谈到在英国历史上，议会曾经有过两个重大的决策失误，一个是否决将电力引进千家万户，另一个是否决将煤气引进千家万户，理由都是人身安全、社会安全等方面的顾虑，言之凿凿。

这两个决策已经作为案例选入了英国的决策学教材。教材最后总结说，任何一个新生事物，都会出现利弊两种可能。可能发生危害，并不等于一定会发生，减少了变坏的可能，就会增加变好的可能。在任何时候，兴利除弊都是可能的。我们切不可用消极的心态对待新生事物，更不能夸大危害，把自己吓倒。

我们再看一个从细节判断全局的经典决策案例。

日俄战争爆发前夕，日本海军大将东乡平八郎前往俄国进行军事考察。在参观俄军炮营时，他发现一些士兵把炮筒当作晾衣服的衣架，这引起了他的注意，他用手摸了摸弹膛，发现里面已经锈迹斑斑。带着这一重大发现，参观完俄军军营后，他即刻回国兴奋地报告天皇，如果此时开战，俄军必定不堪一击，建议天皇立即出兵俄国。不久，日俄战争爆发，日本获胜。

从这个案例中，我们可以看到东乡平八郎眼光的独到。炮膛生锈这一事实，绝不是东乡平八郎第一个发现的，但他却通过这一细节看到了战争胜利的希望，并将这一消息汇报给明治天皇。明治天皇也很有决断力，听了东乡平八郎的汇报，果断决定发动伐俄战争。如果这两个环节中任一环节的人决策出了问题，对当时时局的影响都是巨大的。

历史上有太多决断失误的案例。清朝末期，慈禧太后掌权，她未听取李鸿章、张之洞、刘坤一等大臣的意见，而是听取刚毅等人的建议，发动针对八国联军的战争，结果一败涂地，北京城被八国联军攻克，慈禧太后仓皇出逃，最后不得不签订丧权辱国的《辛丑条约》。

现实生活中这样的案例也不少。2007年，我所在公司准备代理一个香菇丝品牌，经过多次谈判，对方决定除了条码费、促销员等正常促销支持外，还给我们铺底20万元。按理说，这么好的事情，公司应该会同意，可是最高领导最后再次压这家公司，要求铺底50万元。

对方老板无法接受，转而去找别的公司代理。一年后，这家做香菇丝的厂商找到了西安一家早餐公司，通过早餐销售渠道每天至少卖出去150万袋，既扩大了销售，又做好了宣传，极大地拉动了该产品在商超渠道的销售，产品销售红红火火，我们只能扼腕叹息。

如今，已经进入资讯时代，地球上任何一个角落发生的事情，几分钟就可以上传到互联网，消息变得更加公开、透明。可是，知道消息容易了，产生决断仍然很难。

决断，本来就是人类最大的智慧之一。

中秋节有月饼，你的企业文化有什么

> 如果端午节不吃粽子，中秋节没有了月饼，我们对这个节日还有什么记忆？文化一定要有载体！企业文化必须有具象的载体去诠释，载体越丰富，就越有魅力。

◀ CEO ▶

有一年，元宵节第二天晨会，领导训话环节该我讲话，于是就节日放鞭炮事宜谈了一些感想，大体如下：

"各位，昨天晚上放了鞭炮的请举手让我看一下。"

（有十多个人举手）

"好，把手放下。如果元宵节不放鞭炮会怎么样？"（停顿片刻）

"几年前，政府出台了一项规定，春节期间城市禁放烟花爆竹——有这事吧？可是不到一年，这个规定又作废了。为什么？

"我想问下大家，如果春节不放鞭炮会是什么感受？如果大年三十午夜十二点，我们没有听到鞭炮声，会是什么感受？

"是不是没有过年的感觉，感觉不像是过年？为什么会这样？是不是因为我们已经将春节燃放鞭炮、烟花作为特定的符号植入我们的认知中了？

"以前我们过年有新衣服穿，可以玩灯笼，有很多关于过年的美好回忆，可是以后的孩子将会和这些东西逐渐告别。中国最重要的节日——春节的文化氛围越来越淡了，过年的感觉越来越淡了。

"大家再试想下，如果端午节不吃粽子，那么端午节还有什么能让我们记忆的，端午节还有什么文化能让我们感受得到？同样，如果中秋节没有了月饼，我们对这个节日还有什么记忆？是不是似乎没有了？

"这说明了一个什么问题呢？任何一个节日，必须有一些特定的载体或者表现形式来体现它的文化，比如春节的挂灯笼、放鞭炮就是一种载体，中秋节的月饼就是中秋文化的载体，端午节的粽子就是端午节文化的最佳载体，玫瑰花就是情人节的表现载体。

"如果脱离了这些载体，节日会越来越不像节日，节日会越来越没有意思，难以给人留下什么回忆。所以，节日的表现形式一定要有，一定要多种多样，越简单的节日越没有人重视。

"我们知道，佛教是一个庞大的宗教，可是它传递给老百姓的东西很具象，比如佛祖的拈花指、莲花台、木鱼、念珠以及一些广泛传播的广告语，比如'苦海无边，回头是岸''放下屠刀，立地成佛'。同样，基督教如果没有了十字架，没有了教堂，也就没有了可以清晰感受到的文化。

"大家都知道，中国有一个很厉害的小品演员，姓赵，叫赵什么？"

（众人回答：赵本山。）

"对！他称霸央视春晚十几年。他有一项非常特别的表现载体，是什么？"

（有人回答：帽子。）

"非常正确！大家可以试想下，如果赵本山去掉了帽子，还像赵本山吗？是不是感觉很奇怪？所以帽子就是赵本山的标志性物品。同样，中国企业界有位大起大落的传奇人物，叫史什么——对，史玉柱，史老师是很厉害的营销大师。仔细观察他的人会发现，史老师不论怎么换衣服，春夏两季的上衣一定是红色的，他是用始终如一的红色上衣来加强别人对他的认知。

"这些都是关于文化与载体的简单案例。再比如我们的国歌和国旗，是我们伟大的精神食粮，可以产生伟大的力量，这也是文化具象化的经典案例。

"好了，举了这么多例子，请问大家，我们的企业文化是什么？你们所能感知到的企业文化又是什么？

"请大家想象一下：如果没有了军训，没有了晨会，没有了月度挑战大会，没有了庆生会……我们还能感受到什么？是不是基本没有什么感觉了？所以，这些就是我们的企业文化，就是我们企业文化的表现形式。我们要坚持这种表现形式，并且不断挖掘更多的表现形式，因为只有这样，我们才能形成公司专有的而且是员工可以感受到的企业文化，这才是我们最终真正想要的！

"最后，同样，每个人也要致力于寻找自己的专属符号。好了，谢谢大家！"

我说这些想表达的是：越是具象化的东西，越能更好地诠释文化；越是有明确的载体，越能传承这种文化。

企业文化听起来是空的，必须有具象的载体去诠释，这种载体越丰富多样，企业文化就越有魅力！

管理，玩的就是数据

　　不仅开会要玩数据，管理更要玩数据。要练就对数据的敏感性，分析数据背后的问题，找出解决问题的方法，一抓到底，才能让财务提供的数据更有意义。要从财务数据看管理的结果，从管理的角度看财务数据的作用。

◄ **CEO** ►

　　在某次每月一次的高层述职报告会上，老板语出惊人："开会，玩的就是数据。"

　　虽然知道财务的作用，但这句话的冲击力还是让人有些意外。

　　现状是许多高管的述职报告运用模棱两可的词语，没有量化的表述和具体数据，比如"进一步落实金蝶系统的导入""继续跟踪外埠销售订单""就驰名商标事宜再次联系中国工商管理总局""继续巡店""拜访沃尔玛"之类的话，让人不知所云。

一些官话也高姿态地被频繁使用："进一步""继续加强""加大力度""具有重要的指导意义""有关部门""高度重视""重要讲话""严肃处理""不尽如人意""一定的""基本上""阶段性成果"……

会末总结，我直言不讳："你们述职了，等于没有述职，你们说了，等于什么也没有说……"

我们公司的高层素质参差不齐，比如厂长和采购部经理甚至还不会用电脑，更何谈对数据感兴趣？唯一感兴趣的数据恐怕就是产量和采购量了（和他们的个人收入有关）。而对于本月成本增加两个点、人均产量下降百分之五等数据，基本上看了也是白看，不会追究数据背后的原因。

只会"看数据"没有用，谁都会"看数据"，重要的是一眼能看出数据背后的问题，进而找出解决问题的方法，这才有意义！

很多企业的高层也看数据，但基本上对各项指标的量化数据并不敏感。

比如营销总监，每天上班很重要的一件事就是看数据，数据就是眼睛，透过数据可以快速查找问题的根源。

幸运的是，我们公司的营销总监已经运用数据来监测、分析销售动态，一边看着数据，一边跟各大区经理电话沟通市场状况，寻求问题的解决方案。

虽然说"开会，玩的就是数据"（当然，只有数据并不能保证会议成功），但是会下（指日常工作）更需要玩数据。

比如，营销总监透过销售动态跟踪表，了解到截至本月月底有二十多家客户仍未进货，有十多家客户两个月未进过一单，就要立刻拿起电话追问大区经理，一追到底，弄清楚究竟是什么原因。

数据并非到了月底才需要看，也不能到了月底才想起来应该找财务部门提供数据报表，如果到了月底才了解到本月任务完成率只有百分之八十，那已经晚了，想赶一下任务都没有时间了。所以要适时监测，发现问题迅速商议对策，立刻纠正，以实现目标。

不仅仅开会要玩数据，管理更要玩数据；不仅仅要玩数据，而且还要会玩数据。要练就对数据的敏感性，分析数据背后的问题，找出解决问题的方法，一抓到底，才能让财务的数据更有意义。

一句话：从财务数据看管理的结果，从管理的角度看财务数据的作用。

有信仰，百年企业才不是奢谈

如果从企业初创期就有意识地提炼和塑造企业文化，三年左右始能发挥真正的作用；而企业信仰的无形感召，非得十年、二十年后方可发挥作用，但它的作用是最大、最久的！

◄ **CEO** ►

《贞观长歌》看到后十集，出现了凌烟阁，大唐功勋卓著的24个大人物名列其中，以供唐太宗想念他们时睹画思人。其实也是让唐王朝后面继位的"CEO"们纪念他们，同时让他们明白"企业"的发展离不开人才的努力。

参拜一个凌烟阁，到底有多大的效用呢？非得亲自站在那样的场合方能体会！

在电视剧《康熙王朝》中反复播放大清王朝"CEO"爱新觉罗·玄烨祭拜列祖列宗的镜头。高堂上悬挂着历代"CEO"的画像，青烟袅袅升起，这时你会感觉到自己的责任是多么重大，自己做的这件事情是如何意义重大！

祭拜列祖列宗确实可以增加你的荣誉感和使命感。祖先做得这么好，自己怎么可以丢人呢？它会激发继位者继往开来、开拓创新的斗志。

许多生意人都拜关公，他是忠义的化身。在关二爷面前，不能做对不起兄弟的事，不敢说假话……同样，在佛祖面前，估计谁也不敢说假话，那双眼睛让你不由自主地拜倒，佛祖面前一切众生都是渺小的……

再举一个现代企业的例子。可口可乐的文化塑造简直达到了巅峰——近乎宗教。19世纪末，只有15名业务人员，乘着火车到处推销可口可乐。虽然可口可乐当时很不起眼，但他们自认为是"可口可乐人"。第一批可乐被研制出来后，创始人把业务员叫到一起，给他们开会，讲述世界上最伟大的一种东西诞生了，这种饮料将风靡全世界。创始人把可乐放在桌子中央，像虔诚的教徒一样投去崇拜的目光，这些"可口可乐人"被深深的"信仰之光"激励着，带着梦想到美国各地奔走……

这些举动已经超越了简单的文化层面，有一种无形的力量在左右着一切，这种无形的力量就是信仰！

我曾经去一个中药家族企业参观，他们把自己的几位祖先供奉在办公室一角，领导每天做的第一件事就是去那儿烧一炷香祭拜。

我们都在打造企业文化，许多企业已经颇具气候，但是更多的企业的文化仍然是老板文化（这是大多数中国企业发展的必经之路）。不过，在不断发展的过程中，"老板文化"可能逐渐成为圆心，"企业与员工共同价值观"成为外圆，长期的文化积淀形成企业精神。这种精神并不随着某个领导人的消失而殆尽，相反会不断被更新完善。这种精神就是企业信仰。

信仰会无形地鞭策、激励每位员工在各自的岗位上尽职尽责，让员工发自内心地想创造，从而加强企业凝聚力，提高企业的社会影响力。

我们都在喊打造"百年企业"的口号，有这样的"理想"是好事，起码敢想。当然，这种想法不一定要让外界都知道，只要企业有打造百年企业的理想，就可以一步步付诸行动。有的企业刚开始基础打得比较好，所以存活的时间较长；有的企业刚开始就错了，所以存活的时间很短。每家企业，其五年后的发展状况，都是今天(广义上的今天，指眼下）所做的铺垫决定的。但企业今天实施的举措，有些短期内是看不出效果的，非得三五年后才能体现出差别。

今天的现代化企业，如果没有自己明确的纲领，没有完备的企业文化，没有经得起考验的企业信仰，那么打造百年企业很难奢望。当然，处在不同阶段的企业，有不同的重点。比如企业在求生存阶段，什么都没有销量和利润重要。谁让咱没有底子呢，只有活着，才有其他的可能！

短跑比赛的起步，就决定了最后的结果。但是长跑比赛，不到终点，看不出谁会得第一。企业文化一旦上升到信仰的层次，百年企业的打造就有了软实力的基础。如果企业从初创期就有意识地提炼、塑造企业文化，三年左右始能发挥真正的作用；而企业信仰的无形感召，非得十年、二十年后方可发挥作用，但它的作用是最大、最久的！

CHAPTER 3

最大限度地利用员工

使用，是对员工最大的培养

把关羽当诸葛亮来用，你会死得很惨

对刺头，要杀一部分留一部分

不逃课的学生不是人才

老员工是企业的品牌，但不是企业的指路人

不要让好好先生做领导

职位越高，专业能力越不重要

以"道"驭"术"，天下无敌

凭什么你值这个钱

我看上的，就是我的

使用，是对员工最大的培养

　　屁股的位置决定思维，屁股的位置决定理念，屁股的位置决定成长速度。如果愿意培养一个人，就给他一个更高的位置吧，使用是最大的培养。

———————————————◀ **CEO** ▶———————————————

　　俗话说，在其位谋其政，不在其位不谋其政。我一直坚信：使用，是对员工最大的培养。锻炼一个员工最好的方法，就是把他放在你期望他能胜任的那个位置上。人都是逼出来的，一旦放在那个位置久了，不会做的也会了。

　　古代皇帝高高地端坐在龙椅上，阶下文武百官高呼万岁，顿时天地之间一股力量灌注于皇帝之身，再不自信的人都变得极其自信了。即使是没有帝王气质的人，坐久了气质也就培养出来了。

很多领导感叹："我们公司怎么没有人才呢！茫茫职场，人才哪里寻找？"人才其实就在我们身边，人才都是被培养出来的。不能识别人才的领导，一定会感叹没有人才。

比如唐太宗李世民，他要求大臣封德彝举荐人才，但等了很久都没有消息，于是一再催促。封德彝说："不是我不尽心，实在是今世没有人才。"李世民气愤地说："这算什么话！帝王治理国家，都是取才于当世，岂有到几百年之前去借人才的？你只能说自己不知道人才是谁，在哪里，怎么可以平白无故地诬蔑一代之人呢？"封德彝大为惭愧。

李世民的话说得痛快淋漓，这就是一个优秀领导的心胸和自信。

元代丞相脱脱等修撰的《宋史·赵普传》中也说："自古创业之君，其居潜旧臣，定策佐命，树事建功，一代有一代之才，未尝乏也。"

所以，作为一个组织的领导，当你感叹没有人才的时候，就该自我反省了。

哪里都有人才，就看你怎么去发现了。人才都是被逼出来的，你若不给他机会锻炼，他就永远不能成才。

只要这个员工的屁股坐在领导的位置上，他就不得不思考如何管理这个团队，如何提高自己的管理能力，如何开好会议，等等。他会在边学习边管理中快速进入角色。这有点赶鸭子上架的意思。

2008年，我们曾大胆地将一名年仅24岁的区域经理提升为湘赣大区经理，当时这一举措在决策层中的分歧很大，几位领导并不赞同。一位直属主管这么说："我感觉他的掌控力还是不够，过于自私，恐不能胜任。"后来我说："我们之所以怎么看都觉得他不像大区经理，那是因为我们没有把他放在那个位置上。使用，就是最大的培养！"最终决策层意见达成一致。四年过去了，他已经成为公司优秀的大区经理之一。当年我们感觉年轻的那些"85后"业务员，如今纷纷镇守一方，成为一方诸侯。

学会用欣赏的眼光珍惜眼前人。你如果愿意培养一个人，就给他换个位置，从普通员工的位置换到主管或者经理的位置上。正所谓，屁股动了，思维必然跟着变化。

这就是，屁股的位置决定思维。也可以说，屁股的位置决定理念。更可以说，屁股的位置决定成长速度！

把关羽当诸葛亮来用，你会死得很惨

把善于攻城略地的将才晋升为掌控全国的营销总监，
等于将关羽提升到诸葛亮的位置上，对关羽是一种摧残，
无法发挥其专长，对公司则是拿发展当儿戏。

—————————————◄ **CEO** ►—————————————

《三国演义》中，关羽是忠义的化身，更是完美的典型。大家应该都熟悉《三国演义》中的华容道事件，关羽在汉室复兴和报恩曹操的两难选择中，选择了放走曹操，让读者和观众叹息不已。

这样的场景似曾相识。在《贞观长歌》中有这么一个情节，长孙无忌要把魏征等人押往刑场，李世民劝说魏征："先生知道对旧主尽忠，却不知道忠于大唐的江山社稷，虽忠却不是大忠；知道守一个人的志

节，却不知道为天下苍生做点益事，虽贤却不是大贤。你饱读圣贤之书，却还是没有明白做忠臣易做大忠臣难、做贤者易做大贤者更难的道理。唉，朕实在是替你惋惜呀！"

一语惊醒梦中人，关羽的忠义属于"个人忠义"，不是更高层面的"全局忠义"。关羽爱惜自己的名声超过了一切（打造品牌的企业家要像关羽重视自己的名声一样重视品牌口碑），以至于没有从刘备振兴汉室的高度思考该不该放曹操（也许诸葛亮识破了周瑜的算计：假刘备之手杀死曹操，而后曹氏复仇，东吴得利。这里不再追究真正原因），而是从自身角度考虑——放走曹操才符合我关羽做事的风格！

三国始于诸葛亮的隆中对，却毁于关羽的大意失荆州。若关羽深谙蜀国战略（联吴抗曹），断然不会侮辱东吴，破坏这个战略（也可能是刘备和诸葛亮的失误，没有把蜀国的国策详细讲述给蜀国高层，比如张飞、关羽等人），导致失去荆州，把蜀国推向灭亡的道路。

关羽的视角永远局限于桃园三结义的范畴，凡是不利于桃园三结义的事情，关羽一概不干，甚至拯救黎民于水火之中也可能没他们兄弟三人结义的稳定性重要。（刘备不也是这样吗？关羽一死，立刻不顾国家安危，发起联吴抗曹的战略，以举国之兵伐吴。）

关羽如果能领悟到唐太宗对魏征说的那番话的含义，《三国演义》的结局可能是另一番境况。在某些问题上，关羽甚至不如张飞站得高。比如马超对刘备不敬，关羽的意见就是杀掉，张飞则以实际行动感化马超，由此可见一斑。

无独有偶。东吴的周瑜，在吴国的声望甚至大大超过了刚刚继位的孙权，以至于孙策临死时嘱咐孙权外事不决问周瑜。周瑜打仗是一把好手，甚至超越了优秀将才的水平，兼将才与帅才于一身，但在外交政策及重大战略问题上，这个帅才的见识却远远不及鲁肃。

很多看《三国演义》的人都熟悉周瑜而不熟悉鲁肃，甚至许多人认为周瑜远胜于鲁肃（很早一段时间我就这么认为）。可是不要忘记，吴蜀联合抗曹的战略之所以能成功，在于诸葛亮和鲁肃二人从中斡旋，因为鲁肃也同样看出联蜀抗曹将是东吴的国策，也看出了它的战略意义。

周瑜为雪耻（指失去荆州这件事），竟要求孙权举东吴之兵夺回荆州（另一方面，周瑜深知荆州的战略地位，这也是他能成为帅才的原因），鲁肃和孙权自然站得更高看得更远，若同意周瑜之议，岂不正中曹丞相下怀，他可以在二虎相斗有一伤之际发动进攻，一举灭掉蜀吴。

周瑜和关羽都是难得的将才，是企业发展必不可少的重要人物。我们分析他们的目的在于，要启发你思考你的企业中谁是关羽和周瑜，谁又是诸葛亮和鲁肃？会不会他们没有站在相应的位置上而无法让企业高速前进？

把善于攻城略地的将才晋升为掌控全国的营销总监，等于将关羽提升到诸葛亮的位置上，对关羽是一种摧残，无法发挥其专长，而对公司则是拿发展当儿戏。没那个高度你干吗非让他有那个高度？能由将才转变为帅才的人实在太少了！

所以，CEO最重要的职责之一就是"用好"人。如何用人是个永远都值得研究的话题。

如何分清企业里的张飞、关羽与鲁肃、诸葛亮？如何让创业阶段攻城略地的元老退位而换为职业素质高的标准化操作团队？如何处理好"武将"与"文将"的交替？（销售中层大多是"武将"，甚至某些高层也是。制定战略的大都熟悉销售而并不精于销售，真正精于销售又长于战略制定的人少之又少，如果遇到了，千万不要错过！）这些都是值得研究总结的！

在写这篇文章的时候，我并不好受，因为我的团队中的一个大区经理突然对我说："毛总，重新招一个大区经理吧，我感觉自己现在无法适应了（因为公司实行管理变革，其中述职均要用PPT，都要学会用数据来检视管理），顶多再任一年就要退了。"我只能通过培训尽可能改造这些草根将才，使他们随着公司的发展变成职业将才。

草根将才与职业将才，没有谁比谁更好，只看哪种人才更适合企业所处的那个阶段！分析关羽、周瑜的局限，只是提醒我们要从更高的角度以更高的要求选择甄别人才，只要甄别清楚了，接下来可以改造的改造，不可改造的换人，就万事大吉了！

对刺头，要杀一部分留一部分

作为领导，不要不分优劣，扼杀了优秀刺头，而重用了破坏场子的骨干。要容忍优秀的魏征式的刺头，但绝不包容杨修式的破坏场子的骨干。

◀ **CEO** ▶

什么叫刺头？

一种是敢于顶撞上司，敢于说一些难听的话；另一种是在公开场合或者重要时刻让团队泄气，破坏场子。

对这样的刺头怎么办？让我们从精彩纷呈的历史中汲取丰富的管理智慧吧。

第一种情况：容忍优秀刺头

唐太宗可谓是千古一帝，不但文治武功都达到巅峰，更因为善于纳谏而名垂千古。

曾子曰："吾日三省吾身。"唐太宗李世民就是一个极善于自省的皇帝。可即使是这么厉害的皇帝，也有掌控不住自己情绪的时候，也有自己看不到的思维盲点，于是就需要臣子的提醒。历朝历代鼓励臣子进谏的皇帝有不少，可没有一个能像李世民这样容忍臣子不停地说自己错了，比如魏征就不断地挑他的刺，简直就像一个"疯子"。

不过，这种"疯子"恰恰就是有人喜欢，甚至还有点依赖，这个喜欢"疯子"的人就是海纳百川的唐太宗。我们通过一个故事来看看魏征是多么"疯狂"地在纠正他的"老板"李世民。

据载，太宗时期，中牟县县丞皇甫德参上书劝李世民不要修筑洛阳宫殿，那是劳民伤财的，而且各地政府如果仿效，就不得了了，后果很严重……

唐太宗看完奏折勃然大怒。魏征劝谏说，臣子上书，言辞不激烈就不能打动君王的心，言辞激烈则被人攻击为诽谤，希望他明察裁断。唐太宗思虑片刻，还是表扬了皇甫德参，并给了奖励，罢修宫殿。

过了几天，"人来疯"魏征上奏说："陛下近来不喜欢直言强谏，即使勉强接受，也不如过去豁达。"

这里有一个背景，唐朝的天下几乎是李世民打下来的，多处伤病使他落下了风湿腿疼的毛病。长安的宫殿地势较低，比较潮湿，于是有人建议修缮洛阳的宫殿，应该说这个建议并不为过。可是，一个小小的县丞竟敢上书制止，而且提的建议被接受了，自己还得到了赏赐，由此可见李世民的胸襟之宽广。

而更过分的是魏征，唐太宗已经听从中牟县县丞的建议了，魏征还要说："陛下虽然听从了，但好像不太高兴，最近陛下不如以前那么喜欢听人提建议了。"魏征要求老板不仅要纳谏，而且要高高兴兴地纳谏，不能勉强，真是恐怖！这样的人唐太宗还能善待，并在其病逝后赐予殊荣，可见其心胸之宽广。

我们要学习千古一帝唐太宗，要容忍、包容对自己有意见的人，尊重不喜欢你的人，因为"使我痛苦者，必使我强大"。有时，刺头下属会让我们更加有智慧和有魅力。唐太宗留下了刺头魏征，我们的团队有刺头吗？我们又是如何对待他们的？

当然，包容刺头下属是需要技术含量的，需要领导者修身养性，而这一过程本身就是伟大的成长历程。

第二种情况：杜绝破坏场子的骨干

刺头往往敢于说真话，敢言人所不敢言，能纠正领导以及企业管理中的偏差。

但破坏场子是没有建设性的，纯粹是起哄，就像地窖里发霉的土豆，会传染地窖里的所有土豆，必须及时清除。

《三国演义》里曹操杀了杨修，如果我是曹操，也会这么做，因为杨修就是一个典型的破坏场子的骨干。他自作聪明，通过"鸡肋"的口令揣测老板对战事的看法，动摇军心，让曹操团队以为要回家，都失去了打仗的斗志。瓦解一个团队的斗志是很可怕的，所以曹操要杀杨修——之前杨修做的一些事也让曹操有杀他之心，这次是给了曹操机会。

现代企业管理中，如何带队伍是衡量一个人领导能力的重要指标。其中组织气候（也就是团队氛围）对于团队建设建立至关重要。以我个人经验证明，一个好的组织气候的建立可能需要一两年的时间，而毁掉它不到一个月就可以了。

毁掉组织气候常见的有两种方式：一是换领导。每个领导都有不同的风格，而且新官上任三把火，导致组织管理缺少持续性，员工无所适从。另一种形式是有破坏场子的骨干。每个公司都有破坏场子的员工，这很正常，但如果有破坏场子的骨干，一定要及时清除，否则会危害整个团队。

魏征和杨修的例子说明，同是刺头，但此刺头（优秀刺头魏征）非彼刺头（破场子骨干杨修）。作为领导，不要不分优劣，扼杀了优秀刺头，而重用了破坏场子的骨干。要容忍魏征式的优秀刺头，但绝不包容杨修式的破坏场子的骨干。

不逃课的学生不是人才

> 我宁愿用有缺点的能人，也不用四平八稳的庸人。做事永远规规矩矩的人，适合守成，但他是无法带领企业杀出一条血路的。

———— ◀ **CEO** ▶ ————

小时候，父母灌输给我的思想是：要做个听话的孩子！上学后，老师们都喜欢听话的学生。工作后，领导喜欢遵守规章制度的好员工。

在这一庞大的体系下，产生了许多性格四平八稳的中国人，做事遵守规矩，一切按照这个体系的要求来纠正自己。

然而，大家都知道一个现象：上学时学习好的，毕业后基本上都去给别人打工了；上学时学习成绩一般的孩子，毕业后反倒有不少人做了老板。

其实，真相是这样的：上学时成绩一般的孩子未必都有出息，其中经常犯错的孩子更容易出人头地，上学时成绩好而又敢于冒险的学生很多也做了老板。

这说明了什么？让我们来看一个我自己经历过的案例。

我管辖下的某大区，在前任大区经理被开除后，面临着选择新的大区经理的局面。人选从公司现有区域经理里面产生，有两个候选人。一个是大家公认的好员工，做事一直遵守规章制度，一切按照流程进行，个人业绩也还不错。销售嘛，没有什么秘诀，时间长了，个人又勤奋，自然销量看涨。

另一个人业绩也不错，年龄稍微偏小，不过在遵守公司规章制度方面，经常触犯"电网"。比如上班经常迟到，某月迟到次数竟然超过七次，平时也没少犯错误。

这样的两个人，究竟该用哪一个呢？

最后思考的结果：晋升那个经常触犯"电网"的区域经理为大区经理。

我汇报给老板的理由只有一句话：现在需要的是业绩，是销量！

我宁愿用有缺点的能人，也不用四平八稳的庸人。做事守规矩、性格四平八稳的人大多适合守成，但该大区需要的是一位敢于攻城略地的"杀将"，好带领他们去开拓市场。

围绕这句话，我又说了另外一段话：没逃过课的学生，难道就是好学生吗？一个学生，连逃课这样没有多大风险的事都不敢做，试问他的胆识何来？创新何来？身体里怎么会有冒险细胞？

所谓"天才三分怪"，说的就是这个道理。

大闹天宫的孙悟空就是能干大事的职业经理人，他是典型的攻城略地的"杀将"，擅长市场开发。而沙僧，就是典型的守成型人才了。

电视剧《汉武大帝》中，汉武帝听到韩安国去世的消息后，非常难过，说了这么一句话："他有毛病，但这是一个有大功劳、堪称国器的人，厚葬他吧！"

韩信并不是一个讨人喜欢的高管，有很多缺点，但经萧何提议，被刘邦拜为大将军，最终建立了一番不世之功。

……

大多数企业招聘，如果一半的面试官不认可，这个人难以录用；如果全部通过，此人必定录用。但据说麦肯锡与此不同，麦肯锡面试一般有八个考官，如果八个考官都认可，此人一般不予录用，因为他们认为此人必定是个普通人；如果八个考官中有四个认可四个很不认可，此人被录用的概率极大，因为有争议是好事；如果七个考官反对但一个坚持录用，此人肯定会被录用，因为不一般的人才能打破平庸，改变世界。

电视剧《亮剑》中，李云龙说过几句很有意思的话，大意是：乖孩子组成的部队，听话守纪律是没问题，但往往没有淘气的孩子组成的部队能打硬仗、恶仗。淘气孩子往往能干大事，这样的部队，往往战斗力特别强。

中国为什么难出乔布斯这样的人才呢？

不是我们的孩子不够聪明，而是我们的要求过于死板甚至苛刻，把一群天真烂漫、富有创造力的孩子培养成了"听话"的孩子，越来越规矩，越来越不敢越雷池半步，最终成为应试教育的牺牲品。

我小时候爱读武侠小说，喜欢写东西，但这一行为并没有得到老师和家长的认可，反而因此受到了惩罚。他们一直给我灌输的是除了好好学习考试，还是好好学习考试！

乔布斯如果生在中国，上学时一定是不听话的淘气孩子，也许早早地就被否定了。

我们经常发现：性格完美的人，也许干不成大事；而那些成大事的人，身上大多有着鲜明的、很容易被发现的缺点，比如蒋介石、袁世凯。

看到这里，也许有读者说，这篇文章的题目有些绝对。没错，这是因为绝对的题目更容易敲醒我们，更能给我们带来强烈的震撼。我并不是鼓励学生一定要逃课，逃课的目的是什么很重要，不能为了逃课而逃课。

这个题目准确的意思是：逃课的不一定是坏学生，不逃课的在社会主流观点看来是好学生，但一定不是好的人才。试想一个学生连逃课都不敢，何来的胆识？又怎么敢开拓冒险？做事永远规规矩矩的人，是无法带领企业杀出一条血路的。

老员工是企业的品牌，但不是企业的指路人

> 企业要想一飞冲天，必须文武双翼齐备，缺一不可。草根大将做销售有狠劲，开拓性强，但他们离不开"文将"的统筹规划，"文将"能让武将的长矛利剑更加锋利，所向披靡，从而让企业实现快速发展。

◀ **CEO** ▶

有人说，老员工是企业最大的财富。我说，老员工更是企业最好的品牌。

有一年春节后的第一个星期，我面试一位有12年经验的资深人力资源主管（Human management，简称HR），他的确见解过人，并且他也

希望能够加入公司。聊到选择公司要注意的几个关键点，我只告诉他一句话：看一个公司是否值得留，主要看其高管在这家公司的工龄。如果高管的工龄基本都在三年以上，说明这家公司一定有做得好的地方，老板值得跟；若高管大都只有一年左右的工龄，你就要小心了。

他说自己做了十来年的HR，有类似的感受，没想到我一句话就把很多东西总结了，让很多不好表述的感觉因为这句话变得十分简单。由这个话题，我们自然就聊到了企业老员工的问题。

我们公司有三位跟随企业超过六年的老员工，专业技能一般，但业绩水平不错。也许是两瓶酒，也许是一顿饭，总之他们能用自己的方式搞定客户。最重要的是，这种人跟随企业打天下，忠心耿耿，没过多"复杂"的要求，也很少提出跳槽。

如果有这样的员工，企业喜欢不喜欢？

很多企业都有这样的业务高手，很多人对留下他们持反对态度，以致他们无法跟随企业一起发展，最高只能做到大区经理，而且一旦有合适的人才他们就会被替换掉。

当时我所在这家公司的老板第一个提出：将其中一个再升一级，负责公司最重要的一个大区，理由是他忠诚，做业务有狠劲，属于攻城略地型人才。我完全同意，就此问题达成一致意见。

后来，这三位当中，有两位被提拔为大区经理，成为一方诸侯。他们做起事情来果然比外聘的"看起来更专业"的大区经理更加负责任，业绩也更加出色，在月度誓师大会上把外聘的大区经理比得灰头土脸。这让我们不得不思考一个问题：他们真的不适合企业吗？

我发现，这类"土八路"类型的业务员，其工作方法多为自己多年来经验的总结，运用起来得心应手。但是，这种方法也只能他自己使用，无法传授给团队，别人也难以驾驭。我把这种人才称为"草根大将"。

草根大将在企业具有极强的生命力，在企业起步期可起到攻城略地的作用，并能激发其他人的工作激情。只要给予相应的培训，他们进步的速度是很快的。正所谓"泥腿子"虽然看起来一般，但具有极强的实战经验。

有一天，提到草根大将，我对董事长说："草根大将好啊，好就好在做销售有狠劲，做事负责任。而且我们现阶段需要的正是攻城略地的开拓型人才，而不是守成的维持型人才。企业起步期就需要关羽、张飞、吕布型的大将，开发市场完全下得了狠劲，其业绩往往能鼓舞三军。"

我又告诉董事长，我们以前之所以成绩不明显，发展速度慢，是因为"武昌而文衰"。草根大将很多，但都不善于市场布局，大的方向不清晰，做的事情就不一定是正确的。

刘备十几年屡战屡败，并非关羽、张飞的能力不够，而是因为缺乏统筹全局的"文将"。果然，诸葛亮一出山局势即刻改变，诸葛亮的

"文"让关羽、张飞的"武"更加有威力。

这些"文将"（在古代即宰相型人才）将虚实相结合，研究提炼草根大将的经验，通过流程、表格等工具加以分解，从而降低市场开发的难度，让业绩一般的人照此操作也能出彩。更重要的是，"文将"指出我们前进的方向，他们提出的重要战略让武将的长矛利剑更加锋利，所向披靡。

企业要发展，想要"飞起来"，文武双翼不可或缺。正如电视剧《三国》中水镜先生点拨刘备所说："你想要一飞冲天，那总得有两只羽翼相助吧，也就是文武两翼。将军是武强文弱……只有一只羽翼，将军缺少的是一位仰观天下、胸有韬略的军师啊！"

不要让好好先生做领导

领导一定要一身正气，看到员工错了，一定要立即纠正，这样员工才会拿你当领导，否则就是自轻，没人拿你当回事。谁想当好好先生，就不要做领导！

◀ **CEO** ▶

古人说"慈不掌兵"，我非常赞同。

一个没有脾气的领导，不是好领导。再从另外一个角度讲：领导，就是要发脾气。

很多人可能会反驳。其实，"威"确实与脾气和刑罚有关。对于脾气好的领导来说，必须改变领导风格。

有一种领导是好好先生，明明看见员工犯错，却站在一旁不吭声。

对于员工来说，领导不吭声就是默认，默认就是纵容，会助长这一风气。同时，员工对这个领导"不害怕"，看见了领导和没看见一个样。这样的领导，是自轻，往俗里说就是他自己都不拿自己当干部，还指望员工拿他当领导？

以前，有位总监对下属不错，几乎很少发脾气，善于将心比心，但下属反而将此当作领导的一种宽容。于是乎，就出现和领导打成一片的情形，下属甚至经常在上班时间和领导开玩笑。有位同事在上班时间上网聊天，被总监到饮水机那儿接水时发现，那位同事嘿嘿一笑，总监也当作没看见。从此，很多员工都在上班时间上网聊天，看见那位总监和没看见一个样。

在我的小说《二把手凶猛》里，呼噜猫是一家公司的营销总监，小蜜蜂是这家公司的老员工，土狼则是这家公司的老板，讲了这样一个故事：

"呼噜总，辛苦了，我给你倒杯水。"

小蜜蜂说着，殷勤地给呼噜猫的一次性水杯添了水递过来，呼噜猫接过来一饮而尽，然后放在一边。呼噜猫知道，这只小蜜蜂嘴巴甜，会来事，在朋友面前经常"示弱"赢得别人喜爱，能够懂得示弱相处，也确实是一种难得的智慧，这一点连土狼都赏识。上次自己想劝退没能实现，也不知道小蜜蜂是否知道……

呼噜猫坐在宾馆的床上，刚翻开签订好的合同，小蜜蜂看见打开的样品牛奶，旋即拿出五袋，"呼噜总，把这个拿回家喝喝，赶紧装起来……"

呼噜猫一愣，半天没反应过来，这什么意思？

大约停顿了三秒，呼噜猫脸上扫过一丝不悦，"你把牛奶放下，放在那个箱子里。来！过来！端个凳子坐过来！"

小蜜蜂明显感觉到呼噜猫语气的严厉，也似乎觉得有些不妥，但是还是不够明白，不知道发生了什么事情。

"你怎么会拿公司的牛奶送人，而且送给我？说说看，你心里是怎么想的？"呼噜猫有些哭笑不得，小蜜蜂怎么会有这种举动？

小蜜蜂大概有些明白，"我……我……没怎么想啊，我就是想……给你几袋拿回家……尝尝嘛。"

"给我几袋？你是老板吗？如果不是，凭什么让我回家尝尝？我不知道你心里到底怎么想的！很奇怪你怎么会有这种举动？"呼噜猫拉下脸质问，"你是真糊涂还是假糊涂？这牛奶是我批给你们给客户当作样品的，你却把它拿来送给我，你是想让我买你人情吗？"

小蜜蜂脸刷地变得通红，表情很是尴尬。

呼噜猫感觉自己语气有些严厉，现在是下班时间，况且又是晚上10点了，这些员工陪着客户也确实辛苦，顿时换了下口气。

"你不要怪我批评你，因为你这是在犯错误，这种细节幸亏客户没在场，否则很尴尬啊。一，你不是公司领导，二，东西不是你的，你怎么能拿公司牛奶送公司领导，还想要卖人情呢？"

小蜜蜂啄木鸟似地连连点头，脸上红一阵白一阵。呼噜猫看得出来，他内心在不停地对话。小蜜蜂没想到，自己感觉和呼噜猫很熟悉，但看来领导还是领导，自己不能随便啊。

"你以前是不是经常犯这种错？这个我不追究你，也不用解释，我想要告诉你的是，以前公司有业务在客户那里骂公司，说公司及领导都是王八蛋，就他自己是好人，以为自己高明。其实客户不是傻瓜，当你拿着公司的工资却说着公司的坏话时，客户在心里也会怀疑这个业务的人品：你才是个王八蛋……试想，一个拿着公司工资却说公司坏话甚至恶意诋毁公司的员工，客户会怎么想？你以前犯类似的错误时，肯定没有人给你指出，说你错了吧？"

小蜜蜂装作好像听懂了似的大悟："呼噜总，你说得太对了，我以前这样做的时候，没人说不好，也没人指出，我其实本意并非如此，我没想那么复杂，但是……这件事情我的确做得不合适，唉……我也不知道我当时脑子咋想的……呼噜总你这一说我全明白了，我知道你是为我好才批评我的，我心里不会有什么想法的。可恶的是以前当我这么做时，有人看着我犯错还笑……"

呼噜猫感觉小蜜蜂并没有真正觉悟自己错了，还在有意地辩解，轻轻一笑："你以为整天批评你的人就是对你不好吗？你以为不批评你的人就是对你好吗？你是情愿有人看着你犯错不吭声呢，还是给你直接指正呢？有时候，你认为对你好的人不一定真的对你好，你认为对你不好的人未必就真的对你不好，有时候不好就是好，希望你能真正理解并接受，而不是嘴上理解……"

小蜜蜂似乎大彻大悟："啊，以前竟然……唉……我太傻，以为自己聪明，没想到……不说了，呼噜总，我谢谢您的建议，您这样批评我，我反而还敬佩您，否则我也觉得没意思……"

呼噜猫感觉：小蜜蜂即使没有完全明白，也至少懂了一半。

呼噜猫的原则是：员工犯错要随时随地及时纠正，进行思想沟通。

在这个故事中，呼噜猫是位称职的领导。不可否认的事实是：企业员工的风气是领导培养的。怎么说呢？如果负责一个团队的领导爱抱怨，下属就爱抱怨，也敢抱怨，如果领导甚至在公开场合抱怨，下属就敢在大会上有同样的表现，长此下去如何是好？一个团队中员工天天牢骚满腹，都不思考是不是自己的问题，却不停地指责公司或别人哪里做得不对，工作还怎么开展？

所以，我不厌其烦地反复告诉我们公司的中层："作为领导，一定要一身正气，看到员工错了，一定要立即纠正，这样员工才会拿你当领导，否则领导就是自轻，就是自己不拿自己当领导，怨不得别人。谁想当好好先生，就不要做领导！"

有一次，我带着刚来的助理出去巡店，刚出公司，助理告诉我想去邮局寄一个包裹，大概半个小时就能回来。我有些不高兴，但想着既然东西都准备好了，也别这么不近人情，就拉着脸同意了。结果，这家伙整整耽误了两个小时。我当时就批评了他，并耐心地与他沟通："这样做是不对的，以后巡店时不管我在不在，都不能这么做……"

最可气的是，公司曾经有一位人力资源部经理是典型的好好先生，用一个员工的话说："白长了那么大个儿，员工没一个怕他的。他曾经主持过几次会议，都因无法控制场面而很糟糕。"

我们公司周一、周三、周五军训，每天早上八点在楼下集合点名，未到者按规定是要受处罚的。这位经理每天腆着将军肚高声点名，但点完名后并没有对未到者进行处罚。时间久了，几个经常按时参加军训的员工就有意见了，为什么有些家伙不用来军训还没事，那我们为什么要来？

一个领导，如果他只想做好好先生，那他最后成不了好领导。因为他奉行的是"你好我好大家好"的理念，处处卖好的结果是丧失威信，员工并不领情。如果有一天这位领导突然变得严厉，大家会说他神经病，会猜是不是他对某位员工有意见。

一家公司，如果大部分领导都喜欢做老好人，都是好好先生，各部门领导不切实负起责任，团队怎么带得起来？部门之间的衔接怎么会不出问题？管理怎么会不混乱？

大仁不仁 。好好先生做领导，表面上看起来对一群人很宽松，很仁义，但实际上是害了一群人，这叫作仁义不仁。反之，有错必纠，不愿意放过下属的每一个错误，看起来很严厉，但实际上是大仁不仁。

好好先生类型的员工并没有错，错在我们让好好先生类型的员工做了领导。

职位越高，专业能力越不重要

> 当一个人从基层员工成为带团队的领导者，专业技能的作用会逐渐淡化，而是将自己的经验复制给团队，其带领团队的能力变得更加重要。对于领导者来说，专业技能只是辅助手段，能解决问题才是最重要的能力！

◄ **CEO** ►

我小时候喜欢看武侠小说，特别喜欢武功高强的英雄。在我看来，武功高强才能出人头地，于是李寻欢、杨过、令狐冲等人特别让我羡慕。可是小说里也经常描述另一些人，比如中原九大门派的掌门人，他们的武功并不是最好的，却依然做了领导，甚至人们十分尊敬的人物连武功都不会！

在那个武功江湖里，不会武功基本等同于废人。可我并不佩服的那些"废人"，却能指挥很多武功高强的人为其效命。尤其读不懂的是《水浒传》里的宋江，文武皆普通，却愣是领导一百零七个强盗，创立了一家风生水起的民营企业——梁山泊集团。

后来上大学，学校安排进机械制造车间实习，基本上车、铣、刨、磨、钳都走了一遍。半年实习结束后，发现了一个有趣的现象：一线工人必须具备娴熟的专业技能，调度同样需要精通技能，但是到了车间主任这个级别，情况就发生了变化。

考量一个人是否适合做车间主任的指标中，最不重要的就是车、铣、刨、磨、钳这些操作技能。而到了厂长这个职位，基本上考量指标已经没有"专业技能"这一项了，只需了解这个行业，了解企业的生产流程。

我在那个时候已经有些明白，为什么有些什么都不会的人做了领导，而那些在我看来什么都会的人反而只是员工。

终于，大概是在看第四遍《西游记》的时候，彻底搞懂了这一道理！

曾经，唐僧是我最不佩服的领导。他会什么？他比任何一个徒弟都不如，可偏偏这样的人成了团队领导。可见，能不能当领导与专业技能强弱没有关系。

童年时我们都喜欢孙猴子，他能上天入地，有七十二变，一个跟头能翻十万八千里，一根能长能短的如意金箍棒舞得出神入化，应该说是一个专业技能非常强的猴子，他能一个人大闹天宫就是明证。

可就是这样的孙悟空，却在西天取经路上频频遭遇让他头疼不已的对手，很多妖怪孙悟空都打不过，都需要搬救兵。有人说，这里面有体制的因素，大闹天宫时那些神仙都是打工仔，不愿意卖命干；而后来遇到的这些妖怪都是自己开公司，自然要拼命了。

但是我想从另外一个角度来解读：既然孙悟空屡屡无法战胜对手，唐僧为何还需要这样的高管呢？

其实，团队组建初期唐僧看重的的确是孙悟空的专业技能，也就是打妖怪的本领，可是到后来，唐僧反而更看重孙悟空的沟通协调能力和解决问题的能力。

为什么这么说呢？让我们看看《西游记》里的故事，经常是唐僧被绑后，悟空打不过妖怪，但他并没有抱怨或者气馁，而是充分利用关系搬救兵，寻找打妖怪更专业的神仙来帮忙，调动一切可以调动的资源来为其服务。

这就是悟空的变化！悟空已经由打妖怪的专业型人才，晋升为具有沟通协调能力的职业经理型人才。打不过怕什么，自有能打过的神仙在。神仙的存在就是让我们在关键时刻使用的，否则要神仙有什么用！

可见，职位高了，对专业能力的依赖性反而会降低。专业能力不是最重要的，解决问题的能力才是最重要的。

秦琼、敬德、张飞、关羽……这些是绝大多数人都知道的英雄，他们的英雄事迹广为传颂。实际上他们都只是个人英雄，个人武艺高强，属于专业型人才，但管理能力一般。这样的人再厉害也只能是将才，做不了帅才的。

能做帅才的都是些什么人呢？是秦王李世民、曹操、刘备这样的人。否则，即使是"将兵多多益善"的韩信，专业能力已经够好了，打仗绝对是一把好手，也只不过是刘邦手下的一名大将而已。

民国时期有一则关于军阀张作霖的趣事。张作霖曾经做出规定：凡过午夜后，帅府就不允许任何人进入。有一天，张作霖因为公事回来比较晚，看大门的人不让他进，理由是大帅有制度，他必须执行。张作霖没有办法只好从小门绕进。第二天，张作霖找到看大门的人，很多人知道后都为门房捏把汗，结果张作霖非但没有怪罪，反而升职让他做看守所所长。门房表示做不了，理由是他连字都不认识，张作霖笑了，给他配了一个认识字的秘书。

可见，张作霖很早就认识到，职位越高，专业能力越不重要，至于看守所所长，识字这种专业能力并不太重要。

电视剧新《水浒传》第一集中，宋江打不过公孙胜，公孙胜说："押司不会使剑，拳脚也不过如此，你斗不过我。"宋江回答："英雄岂能以拳脚论高低。"宋江果然是领导者，回答精辟，思想不同，价值便不同。武艺高强只是专业技能，那并不是最重要的！这是宋江的观点。

中国有一位令人尊敬的企业家，就是任正非先生，他有一个"做组织者，而非专家"的观点："一个人不管如何努力，也永远赶不上时代的步伐。只有组织起数十人、数百人、数千人一同奋斗，你站在这上面，才摸得到时代的脚步。我放弃做专家，而是做组织者。我越来越不懂技术，越来越不懂财务，对管理半懂不懂，如果不能充分发挥各路英雄的作用，我将一事无成。"

高手果然不同。这样的观点由任正非说出来，无疑更权威。

言归正传，大多数人的职场晋升道路是：先掌握具体战术、具体技巧，在此过程中不断成长，然后终于有机会带领团队。此时，专业技巧不再像以前一样是谋生的必要手段，而是退居二线成为领导团队的辅助手段，将经验复制给团队和带领团队的能力成了最重要的能力。

从一线基层员工成长为企业的高层，是螺旋式上升的过程。很多人在这个过程中停滞不前，从而一辈子只能是业务人员或者其他基层员工。当职位越来越高，以前引以为豪的专业技能的作用逐渐淡化，其他方面的能力日益彰显，逐渐成为决定性的力量。

从这个角度讲：职位越高，专业能力越不重要！

以"道"驭"术"，天下无敌

"道"和"术"是不同的层次。应首先追求"术"的
进步，因为它能快速改变现状。但要开创一番事业，必须
要有"道"的顿悟和提升。

──────────◄ CEO ►──────────

一天上班（我通常到得比较早）途中，我在楼下遇到公司某团队的
一名业务员。一起上楼的过程中，他问了我这样的问题："毛总，公
司门前的十字路口经常有摆残局的人，您说，如果有人和他们下，能
赢不？"

我说："一般赢不了，因为无论你选择哪边，各种走法他都已经想
到，自然有破解之法。残局最可怕的是本来已经没有多少路可走，对于

每一条路，对方还都有破解之法。"

他说："我也研究棋谱，您说这样棋艺是否可以进步？"

我说："可以进步。能往前看一步的人，已经学会了下棋；走一步看两步的人，下得还不错；走一步看三步的人，通常棋艺比较精；走一步能看到五步的人，大都是高手。'术'的进步，可以通过长时间的积累来实现。"

他说："对对对。"又问我："很多人说勤奋可以完成'术'的积累，我认为不行，毛总您怎么看？"

我说："勤奋的确可以让一个人积累'术'，在'术'上进步，但勤奋仅仅是促使'术'进步的简单有效的方法之一。如果只有勤奋，'术'的进步还是有局限性的，就是说勤奋并不是'术'进步的最佳方法。一个人仅仅是勤奋，可能永远都只是一名优秀的销售人员；如果除了勤奋，还懂得总结提炼，职业上就可以实现螺旋式上升。

"比如说棋艺，通过长期对弈可以获得进步，成为高手；但是要想成为一个顶尖的棋道大师，那就不仅仅是棋艺的问题了。要想成为顶尖高手，棋艺仅仅是其中一个重要的环节，其他方面更为重要。

"有这么一个真实的故事，说'棋圣'聂卫平之前的棋艺虽然是一流的，却无法跻身顶尖行列，而等他从北大荒回来，棋艺立刻精进。聂卫平自己喜欢用'境界'这个听起来有点儿玄的词来解释围棋之道，类似于顿悟。他说：'我一到黑龙江，就有一种天高地阔的强烈感受。

无垠的荒原、无遮无盖的蓝天，还有瑰丽的日出日落，给了我强烈的震撼。当我重新坐在棋盘前时，就感到棋盘更广阔了。'"

出了电梯，我继续说："这就是'道'的提升，有了'道'做后盾，'术'就变得更厉害了。也就是说，以'道'驭'术'，天下无敌。"他听得很有兴趣。

我接着说："我们看武侠小说会发现，高手决斗前，往往'术'的进步已经起不了任何作用，也就是说临阵磨枪是起不了作用的。那么，什么因素会影响决斗的结果呢？通常是'道'的顿悟让他豁然开朗，进入另外一层境界，从而赢得决斗。"

他似有所悟，不住地点头，我继续说："金庸小说里的杨过最后就是通过观摩大海，悟出黯然销魂掌的。

"有些业务'术'的进步是渐行渐悟，有的业务'术'的进步除了渐行渐悟，还可能顿悟。渐行渐悟是量变，顿悟是质变。没有渐行渐悟，不可能有顿悟；但是有渐行渐悟，也不是一定有顿悟。"

他说："毛总，那我们该怎么办呢？"

我说："首先追求'术'的快速成长，因为'术'在短期内有效，能改变现状。但要开拓、发展个人事业，必须经由'术'的渐行渐悟，获得'道'的顿悟。"

他思考了片刻，笑着说："我知道该怎么做了。"

凭什么你值这个钱

> 没有经过沉淀的经验是不值钱的，它的影响力和作用有限。而且，相同的经验，让不同的人来提炼，产生的效果会相去甚远。

——— ◀ **CEO** ▶ ———

十几年前，自己孑然一身从上海回到西安，转入广告咨询业，从一只傻傻的笨鸟开始扑棱扑棱地飞。后来开公司、当顾问，到处授课出书，总觉得不够实在，最终一头扎入一家快消品企业，从市场部经理做到总经理。虽然心比天高，但至今也没成功涅槃变成凤凰，我依然是一只倔强飞行的鸟。

有时候我会扪心自问：打工的目的是什么？

"找一个平台锻炼自己，顺便赚钱"，这话不够直白，不如说"为了赚钱，顺便找一个合适的平台锻炼自己"更实在。

创业最初的目的是什么？我相信很多资产过亿的老板，当初创业的理由都很简单，而且雷同，那就是脱贫致富！

这一目标实现之后，随着企业壮大、自身社会地位的提高，更大的需求诞生了——如何做得更大，实现个人更大的抱负？于是，就有了更加远大的理想及崇高的社会责任感。

既然提到赚钱，那么怎样才能赚到更多的钱？要么打工，要么创业，似乎没有第三个答案。

创业的确需要这样一些特质：敢于赌博、敢于坚持、敢于行动。只要有这些特质，而且筹够了资金，都可以创业。那些以"没有好项目"为借口的行为，根本没太大意义，因为遍地都是项目，任何项目都赚钱，关键看怎么做、想做多大。只要你的目标不是福布斯排行榜，研究哪种行业、哪类项目更赚钱的意义不大。

为什么呢？

做餐饮赚钱不？海底捞、百姓厨房也就十年时间就发展起来了，甚至卖鸭脖的也可以有好几亿元的销售额。

做酒店的七天连锁，不过数年光景，上市了。

专营网上订蛋糕的公司，三年时间做到四千万元营业额。

连做网络公墓的公司，营业额都接近千万了。

最不起眼的淘宝个体网店，营业额都可以接近千万，年销售额两三百万元的网店数也数不清。

所以，做什么不是最重要的，怎么做、做多久才是最重要的！

选择走打工的路，一些人是因为风险小、成本小，另一些人则是惯性使然，形成了打工的潜意识。所以，研究"如何打工才能赚到更多的钱"更有意义。

比如你要年薪百万，老板会问："你凭什么值这个钱？"

新华都集团给唐骏开出上亿元的年薪，是因为唐骏有辅导数家企业上市的经历，可以带着新华都快速上市。可是，帮助企业上市的经验你有没有？你有没有资源和轻车熟路的经验说服欧洲几大基金公司购买新华都的股票？你有没有唐骏个人的软实力？如果没有，新华都就不可能也给你这么多年薪。

从这个角度讲，老板掏钱实际上是购买你的"经验"，你的经验让你更加值钱。

但是，我不这么看。不是所有的经验都值钱，经验的价值大小因人而异，不同的人会让经验产生不同的价值。没有经过沉淀的经验是不值钱的，它的影响力和作用也是有限的。

这样就不难解释，为什么很多人做销售做了十几年甚至二十年，给人的感觉依然是没有形成自己的思想体系，依然只是一些很零散凌乱的招数，因为他不能很好地使自己的经验沉淀下来，对它们加以整理提炼。

　　相同的经验，不同的人来提炼，产生的效果会相去甚远。同样的市场技巧，有的人只觉得对自己有用，有的人则可以从中提炼、整理出适合公司的作战方针。所以，学习和提高让经验沉淀下来的能力，是你未来更加值钱的关键。

　　但是，有了这个能力，你依然会遇到晋升的瓶颈，为什么呢？

　　以前，你的职务可能是营销总监、市场总监之类的，日常百分之七十的时间都在思考如何做好事情，有什么好的战略和策略，只有不到百分之三十的时间在思考如何用人。如果你有朝一日负责全局，这个比重需要调整，可能只有百分之三十的时间在思考方向及策略性事务，而百分之七十的时间用于经营人心、打造团队。

　　此时，用"术"的比重降低，用"道"的比重提高，你会逐渐完成自身的再一次涅槃，浴火重生。这只鸟最终还是没有被烧死，看起来似乎还是和原来一样的模样，但它闪转腾挪却更加灵活，更加得心应手，飞得更高，看得更远。

　　其实，世上本没有凤凰。什么叫凤凰？烧不死的鸟就是凤凰！

我看上的，就是我的

　　"我看上的就是我的"，多有气势！做销售就得有这种气势和心态，面对竞争对手，猛烈还击。没有斗志，甚至还想着谦让，是做不好销售的！

──────────────◄ **CEO** ►──────────────

　　某个周二例行培训，人力资源部经理讲完后，三个团队的销售人员都不怎么响应，互动时也不积极，最后的分享环节更是没有人愿意上台。

　　我火了，但硬是按捺住了，我说："看来大家都与世无争啊，境界挺高嘛。既然大家都愿意把这个分享的机会让给我，我当然要抓住了！"以下是我当时讲的一段话：

"各位，我们是做什么的？我们是做销售的啊，难道还需要孔融让梨吗？嘿，'这个客户让给你吧'，'这个客户你来吧'——可能吗？

"我们需要的是'争夺、争取、拿下'，不需要平淡沉稳。

"一个人，到了该沉稳的年龄却还激情不断，别人会说你装嫩。一个人，本该是激情四射的年龄却装深沉，别人会说你没有斗志。如果没有斗志，销售肯定是做不好的，你们同意吗？

"各位，如果是在动物世界里，在座的很多人都会被饿死或者被别的动物吃掉，因为你们都搞孔融让梨，都谦让。销售是不能谦让的！为什么要谦让？凭什么让给你？凭什么我拿不下？

"《亮剑》里有这么一个情节：

丁伟去见李云龙的路上，遇到了国民党的骑兵连。在边还击边撤退中，丁伟大声告诉警卫员：'把我的马给我看好喽。'

警卫员感到很奇怪，问：'团长，这马什么时候成我们的了？'

丁伟是这样回答的：'我看上的就是我的！'

"听听，多有气势！

"各位，你们有吗？你们敢有吗？

……

"当你们看到竞争对手拼命争取客户的时候，你们应该怎么样？

"还击！当然是还击！

"这是我的地盘，我的客户！什么时候轮到你们来开发了？！

"什么？你的？什么时候成了你的客户？

"我看上的，就是我的！

……

"各位，喜欢钱吗？

"喜欢钱的人请举手！（20%的人没举手）

"没举手的是什么原因，是不喜欢钱吗？

"为了我们的父母能过上好的生活，为了赚钱，你们愿不愿意冲上这个舞台？

"愿意的话现在就冲上来！"

讲完后，冲上来五六个人，其中一个说："这个舞台，此刻就是我的，你们因为不争取而给了我！那么，接下来，就请你们观看我的表演！"

另一个说："这个舞台，我看上了，它就是我的！"

CHAPTER 4

唐僧是最好的主管

一条道走到黑的自信和坚持

看起来不起眼，其实很有用

能不能不插手

有责任，当然有魅力

佛教生生不灭的启示

一条道走到黑的自信和坚持

西天取经团队的项目经理唐僧启发我们：只要战略方向正确，一条道走到黑往往具有创造性的力量，而其他的，仅仅是维持平衡的力量。

◄ **CEO** ►

我小时候看《西游记》，很讨厌唐僧，因为他叽叽歪歪、没本事，而梦想成为孙猴子，因为他有七十二变，一个跟头能翻十万八千里（估计大多数人都有这个梦想）。

工作几年后，我终于体会到唐僧的不易。企业家中有很多唐僧式的老板，"讨厌"得有些可爱，执着得有些让人敬佩。也正是他们，有力地推动着经济的发展。

这群唐僧式的老板，有着唐僧的特色优势：不管妖精多厉害，只要他们还活着，就还是往西走，反正这条道他们就是要走到黑，不撞南墙不回头。

也许很多人想，这家伙不就是为了取经？至于嘛！

如果你这么想，绝对没错，因为你不是唐僧，所以你不了解他。很多老板工作到凌晨一两点才合眼，天没亮就又爬起来，开始新一天的工作，你有那个精力吗？

没有，所以你还是你！

还有，作为企业的高管或中层，你有没有做过一件自己认为正确就坚持一条道走到黑，不撞南墙不回头的事？再退一步说，你是否有过类似的想法？

如果没有，你怎么能让别人记住你，你怎么会像唐僧一样表现突出、有特点呢？一个人若看不出什么缺点，则往往优点也不明显，表现平庸。那些看起来似乎"一身优点"的人，生活基本上没有大起大落，多没劲啊！

我对照反思自己的工作经历：第一，之前做事情太追求完美，结果可能什么也做不成；第二，总要"死脑筋"上几回，可以不追求完美，但一定要坚持目标不动摇。

唐僧给自己定的战略目标是西天取经五十年不动摇！你说他是不是缺心眼？非要一条道走到黑，而且还很乐意，还很较真，还给这件事情赋予了崇高的使命（消除唐王朝民众的疾苦）！

你较真过吗？

没有，所以你还是你！实践证明，敢较真的人都是肚子里有货的人！

你敢一条道走到黑吗？

唐僧敢这样"死脑筋"，是因为他坚信西天取经的选择是对的。

那我们呢？要不要也"死脑筋"一次，也自信一回，也固执地坚持一次自己的想法？怕什么，天又塌不下来，说不定还悟出了"真理"，说不定这一次坚持就会让老板对你刮目相看。

其实，唐僧式的老板还真是稀缺资源，少见！你要是遇见了就别放过，好好跟着混，不过前提是你得是孙猴子，独立自主性强、能力大。否则，你若是在专业技能上指望、依赖上级，恐怕就要失望了。

唐僧式的老板在大众看来是弱势老板，跟这样的人配合自然符合"将弱兵冲"的搭配原理：唐僧属于"弱将"，孙猴子属于"强兵"。因此，唐僧给予孙猴子很大的自主空间，如何打妖怪唐僧一律放权不管，全部由孙猴子负责解决。

由此看来，可憎之人也有可爱之处，唐僧可憎更可爱。

所以，我以前讨厌唐僧；现在佩服唐僧。

以后，工作中我们要学习唐僧对大事的把握，职位越高，越要学习他这种敢于一条道走到黑的自信。坚持，很多时候并不是容易的事，你要有足够的本钱，要有不撞南墙不回头的强大自信。

西天取经团队的项目经理唐僧启发我们：只要战略方向正确，一条道走到黑往往具有创造性的力量，而其他的仅仅是维持平衡的力量。

你的职业风格接近哪种？你想做哪一个？

与唐僧"同流合污"吧，形成自己的职业风格，有潜力，有"钱途"！

看起来不起眼，其实很有用

　　唐僧从来不抱怨，有志于做高管的职场精英，都会喜欢他这个并不起眼的优点。管理无小事，往往看起来不起眼的事，反而值得深思。

———————————◀ **CEO** ▶———————————

　　公司有个下属，早上上班不坐电梯，每天从一层爬上十九层，已有十个月；

　　我有个习惯，每天开完例会，一定会抽一个小时回复各大区经理的邮件；

　　公司直辖区销售团队的一个员工，只要他看见你，几乎每次都笑得露出牙齿；

……

以上都是一些不起眼的现象，却值得人注意。

每天锻炼身体的下属身体棒得很，估计他老了身体一定也很棒，如果还继续坚持的话；

我这个习惯，让下属每次写邮件都很认真地总结、表述，他们得以成长，而我更加了解下面的情况；

爱笑的员工通过坚持笑，赢得了很好的人缘；

……

再说《西游记》，看到十集之后感悟到唐僧有个不起眼的优点：他从不抱怨！不管遇到多大的困难，他从没有抱怨过他的直属领导观音。（否则观音在起用唐僧后的考察过程中，可能撤了他项目经理的职位。）

等到我做到总经理，也明白自己已经失去了抱怨的权利。谁都可以抱怨，唯独总经理不行，谁让你是团队的最高负责人，这个责任你必须承担！我敢肯定：唐僧一定明白这个道理！

唐僧从来不向下传播负面的消息，从来不对徒弟说"高层"的坏话，说西天的坏话，或者表现出消极的情绪。

西天取经行程十万八千里，他与徒弟的关系如同上级与下属，拿捏得当。他爱徒弟，徒弟同样尊敬他。

我们各自回顾：我们的企业有没有基层人员抱怨发牢骚的情况？

如果有，那是非常正常的，任何企业都会有。

但是，如果你的企业里中高层也抱怨，表现出不和谐的迹象，甚至部分中层当着员工的面数落高层的决策、公司的管理以及某某领导，你就要小心了，你的员工会被这样的中高层带到沟里去的！这些看似不起眼的小事却可能让你的团队垮掉、事业夭折！

如果一个领导，能做到在下属面前不抱怨，不发牢骚，你知道员工会怎么看你吗？

这个领导，一身正气，总是让人感染积极的情绪，我喜欢他！

谁也不喜欢一个整天抱怨的上级，跟着这样的上级，估计谁都没信心，这样的领导能带你成功"取到真经"？

我小时候发现一个现象：我家地窖，母亲会隔三岔五地下去，上来时筐里经常躺着几个腐烂的土豆。母亲说：这些腐烂的土豆若不及时拿掉，一整窖土豆很快就都会坏掉！

我吃了一惊，一整窖土豆烂掉的罪魁祸首竟然是这些不起眼的腐烂了的土豆。现在想想，这不就如同一个团队、一个公司的抱怨者吗，他们会快速感染团队的其他人，他们会做情绪和气氛的污染者，让其他好的人也"坏掉"。

如果你是领导，现在你还觉得他们不起眼吗？

如果你的下属经常制造抱怨传染源，估计你的团队也好不到哪里去。他们认为你这个领导不明察秋毫，而你可能还被蒙在鼓里。

　　我喜欢唐僧的第二个理由是他从不抱怨，这是中高层领导必备的一种职业风格。团队好与不好，在于传染源是"抱怨的"还是"积极的"。

　　我自己有深切的体会，为了纠正公司里的风气，我从领导层入手，通过会议学习改变这些中高层领导的思想认识，让他们认识到爱抱怨的领导绝对不是一个好领导，也肯定成不了好领导，而且会让下属看不起！

　　唐僧式的领导身上，一定聚集着一定的磁力，吸引、影响甚至改变周围的人，一定有成群的追随者。领导力，就是获得追随者的能力。

　　应该说，有志于做高管的职场精英，都会喜欢唐僧这个看起来并不起眼的优点。管理无小事，往往看起来不起眼的东西，反而是值得深思的。

能不能不插手

要形成自己的职业风格。不管上层文化是什么，你要
培养新的职业经理人文化，逐渐淡化老板文化。只有文化
占据主导，才能拥有真正的话语权，才能让领导放手。

————————————◄ **CEO** ►————————————

上个月，公司财务总监开除了一个财务经理，理由是他不管事。不
管事就是指财务部门员工的工作安排、纪律等跟这名经理没有关系，你
做你的，他忙他的。

人力资源部经理按惯例进行面谈，财务经理却给了这么一个理由：
"不是我不管，而是管不了，上面老插手！"

文章写到这里，我突然笑了。

《西游记》里，凡是没被打死的妖精，都有个共同点：上面有人，上面老插手。

由于我主管营销和人事，后来通过人力资源部经理了解到，事情并非文章开头所描述的不管事那么简单。这名财务经理上任伊始，很用心地管理，财务总监自然也就没插手干预。而后来促使这名总监插手的原因是，财务人员频繁更换暴露了财务管理的漏洞（有些问题早点被发现也是好事，可以提前暴露管理漏洞，及时补上，以免后面造成更大的损失），捅了马蜂窝了！总监刚一插手，财务经理立刻休战：既然你插手，我就不管了。

财务总监插手后发现，漏洞有些大。既然漏洞大，肯定要有人承担责任，那么让谁承担责任呢？从职场政治方面考虑，自然是开了财务经理了事，接着完善管理流程。

估计同仁们遇到过不少类似的问题：你负责部门内部的管理，老板却经常插手，怎么办？

唐僧的第三个优点是开山辟路收服妖精，他全部交给孙猴子，除了和虎力大仙在高台上比坐禅外，不是自己专业的事情，决不插手！

做管理的人，谁都希望老板或上级放权，放手让你去管理，可是不要忽略了一个前提：你是否有让老板或上级放权且放心的资本，如果你让老板或上级觉得放心，一般情况下他们不会插手。

孙猴子本事大，降妖除魔能力强，这是公认的，因为他的履历很显赫——五百年前大闹天宫的齐天大圣谁人不知？就凭这样的营销业绩，啥也不说了，交给他一定放心。

更何况在师徒往西走的过程中，悟空一再表现出自己超强的工作能力，更加让唐僧放心，他只不过是略微做了一些制衡，免得孙悟空"拥能力自重"。

自知者明，尽管最高决策层经常干预悟空斩妖除魔。当然悟空和最高层的角度不同，格局也没有他们高，在最高决策层眼中，一切皆是生命，改过自新善莫大焉，自有放那些妖怪一条生路的道理。但唐僧从来都是坐在屋里等候，给徒弟们一定的空间，无为就是有为，放心地培养他们。

悟空也乐此不疲，因为他需要成功的感觉。悟空能力越强，唐僧就越高兴，因为最终功劳最大的一定是他唐僧，收益最大的也是他唐僧，若再去插手，何苦呢？

回想自己做高管时，也有过上级爱插手的经历，搞得自己长时间难以树立权威。一个领导爱插手下级工作的公司，一定是管理系统职责权限不清晰，一定是自上而下形成了插手文化。

给大家一个建议：要形成自己的职业风格，不管上层文化是什么，你要培养新的职业经理人文化（当然得是正向的文化），逐渐淡化老板文化。只有文化占据主导，才能拥有真正的话语权，才能让领导放手！

　　唐僧是两耳不闻妖精事，一心只管取真经。

　　好一个唐僧，能抓的不算什么，敢"放"的才算有能力！

有责任，当然有魅力

　　对别人负责就是对自己负责。在企业管理中，管理者要有责任感，事情不能在做之前先说，免得雷声大雨点小；做了后再轻描淡写地说，管理者比较有威信，企业也比较有公信力。

————————◀ **CEO** ▶————————

　　很喜欢《西游记》开始那段，观音扮成佛门高僧，在皇宫内与唐太宗、玄奘对话。

　　观音："我有大乘佛法三藏，能超亡者升天，能度难人脱苦，能解百冤之结，能消无妄之灾。"

　　唐太宗："那和尚，不知大乘教法在于何处？"

观音："大乘佛法三藏在西天灵山大雷音寺我佛如来之处，离此十万八千里。"

玄奘："既然如此，弟子愿效犬马之劳，去往西天求取真经，祈保我王江山永固。"

观音："只是那西天路途遥远，多有虎豹妖魔，只怕有去无回，难保身命，不知法师敢去否？"

玄奘："我已发了宏誓大愿，此去定要直至西天。不得真经，誓不回还！"

唐僧这样的领导，上级一定很喜欢。当你交代任务时，他的潜台词是：放心吧，我一定完成任务！这类似于解放军的常用回答："请首长放心，保证完成任务！"

现在许多企业打造军事化的企业文化，其实核心就是想学习高效、服从、保证完成任务的精神，具体表现就是负责到底的群体文化。

唐僧是一个非常有责任感的男人，西天取经一路遇见不少美女，他却不为所动。这些美女，等同于我们做一件事的过程中的许多诱惑，它会影响、改变你做事的路径。再反过来想，倘若唐僧没有责任感，恐怕这些美女不一定喜欢他吧（妖精除外）。

我喜欢唐僧的第四个理由：负责任，当然有魅力。责任，会让你提升自己的格局，加强自己的磁场，强化自己的领袖气质。不论在职场还是在生活中，责任都会为一个男人增添魅力。

我自己在管理生涯中，由开始的"原则性不强"到最后的"原则坚决不能逾越"，起作用最大的还是责任。责任让我更快成长，愿意承担更多的责任，自然意味着收获更多。

后来，观看《西游记》（不再像小时候那样只是看故事，只是觉得有趣、好玩、刺激），从管理的角度去思考，发现自己记忆中的唐僧，有了新的改变。

他，值得学习。

在此，有两个我亲身经历的案例值得回顾一下。

案例一

有一回，公司有员工给董事长写年终致辞，稍稍夸大了企业远景。其中写到2015年企业要实现上市，这看起来无可厚非，因为这是我们基本内定的计划。

不过出乎意料，董事长在发言时去掉了这一段。他给出的原因很简单："我是这个企业的最高负责人，说出去的话一定要兑现的，不能轻易承诺，要负责任！"（注意：很多公司的高层喜欢当众表态或当众宣布以后我们会怎样，而实际上并没有考虑清楚，结果导致企业没有公信力，自己也失去了威信。）

董事长的话给了我启示：职位越高，责任越大（好像有人讲过这话）；职位越高的人，讲话越要慎重，一定要 "言必信，行必果"。

案例二

2009年我和一位老板就公司营销总监这个职位的薪酬考核问题进行对话：

"王总，你当时当着好几个高管的面对营销总监说，全国任务增长率今年要定得高一些，但营销总监不用考核，还说了'放心，我们都是自家兄弟，怎么可能亏待了你'之类的话。"

"我怎么不记得了？"老板停顿了一下，也许觉得自己可能真说了，"也许是我当时随便说的，可能说的时候意思表达不准确造成了误会。"

"王总，谁都可以说错话，但你不能！为什么？因为你是企业最高负责人，你讲出去的话如果不兑现，就会影响企业的公信力，即使你是无意讲出去的也不行。在古代，皇帝一言九鼎，说出去的话不可更改，所以，以后如果你没有考虑好，就先不要说，但既然说了就要兑现……"

这两个案例，虽然主角不是自己，但给了我很多启示：在企业管理中，很多时候，作为领导我们不要先说，免得雷声大雨点小；做了后再轻描淡写地说，这样的领导就比较有威信。领导有威信，就代表着企业有公信力。这一切，源于我们做事要对得起自己的良心。

　　《西游记》的结局是取经团队成员各自功成名就。这启发我：对别人负责就是对自己负责！

佛教生生不灭的启示

> 胸怀越大，空间越大；空间越大，包容力越强；包容力越强，吸引的人才越多，最后的成就就越大。只有具备强大格局的组织，只有胸怀宽广的领导，才能让各种各样的人才在其搭建的平台上酣畅淋漓地舞蹈。
>
> ◀ **CEO** ▶

有人这样说：一年企业靠运气，十年企业靠制度，百年企业靠文化。再加上一句，千年组织靠宗教。宗教生生不灭的原因何在？

企业再伟大，离开了人也无法发展。"企"字拆解，上面为"人"，下面为"止"，若无人即停止。那么佛教是怎么宣传自己、吸引教徒的呢？

　　普通百姓很难理解宗教的内涵，比如佛教，博大精深，要让它妇孺皆知，需要有通俗易懂的广告语或传播口号。于是佛教提炼总结了脍炙人口的传播口号，诸如"苦海无边，回头是岸""放下屠刀，立地成佛"等。

　　我们举例分析：一个家庭如果出了不肖子或爱偷鸡摸狗的人，家里一定难容，尤其是对一个大家族而言。那么，这个人怎么办？

　　只有走出家庭，进入社会，因为社会的包容力比家庭更强，社会上有强盗、劫匪，三教九流无所不有。

　　假如这个人在社会上都混不下去了，被人们所不容，那该怎么办？

　　这时候，佛教的广告语就会在心头回响：放下屠刀，立地成佛。不管你是如何的十恶不赦，做了多大的恶事，佛门都可接受你、容纳你，只要放下心中的屠刀，立刻就可以成佛。

　　一个被家庭不容的人，可以混迹于社会；一个被社会不容的人，可以遁入空门。佛教的包容性是最强的！佛教自身的格局就显得更大。

　　世上总有人无法混迹于社会，总有人受到打击或伤害，总有人想体验另一种生活。于是，佛教以广博的胸怀提供了一种全新的生存舞台：到这里来吧，一个崭新的你诞生了，以前的你死掉了。

　　故此，佛教永远不缺弟子，任何人都有可能成为佛教弟子，佛教的人力资源部永远不需要招人。而且正如某个教授所讲：佛教打造的是无底薪团队。这样的一家"企业"，员工生生不息，怎么会灭亡呢？

由此联想到我们个人，个人的胸怀（现在流行叫格局）决定你的发展空间。胸怀越大，空间越大；空间越大，包容力越强；包容力越强，吸引的人才越多，最后的成就就越大。

朱元璋胸怀远大，虽然是从小乞丐起家，但他具有磁性的人格魅力，吸引了徐达、刘基、李善长、常遇春、朱升等"人精"加入其团队，一不小心竟然组成了一个巨大的明王朝集团。

唐太宗的胸襟简直可以说是前无古人后无来者，他特意留下一个"刺头高管"魏征，随时匡正他的过失，提醒他的错误，甚至到了因怕魏征而把鸟藏在袖子里捂死了都不敢拿出来的地步。每次看到这个故事，我都十分佩服唐太宗，若无宽广的胸怀，怎么会怕魏征，怎么会怕大臣怕得这么有智慧！

写到这里，我终于了解：原来做皇帝的，怕大臣是一种智慧；做领导的，怕下属也是一种智慧。他们果然都是真正的智者，怕也怕得有道理、有水平。

回过头来，再看佛教广告语"放下屠刀，立地成佛"，你要注意了！佛教是很宽容，但并非无原则地包容，放下屠刀是立地成佛的前提条件；当然，这个屠刀主要指心中的屠刀。

佛教的文化告诉我们：无论你以前做过多少令人不齿的事情，从现在开始，死而复生的你，可以有新的机会，重新开始！

　　只有具备强大格局的组织，才能具有如此强大的包容力；也只有胸怀宽广的领导，才能让各种各样的人才（包括怪才）在他搭建的平台上酣畅淋漓地舞蹈。

5

不能说的话

"下来再说吧"是慢性毒药

别说"我们以前……你们现在……"公司伤不起

"从明天开始"不行！

"我希望"不管用，制度才管用

"你抓一下"：抓得了一时，抓不了一世

一句"拿着"胜过十句"我会给你的"

"下来再说吧" 是慢性毒药

　　会议最忌讳的是"会而不议、议而不决、决而不行、行而不果"，而"下来再说吧"会让企业效率低下，让会议的风气变得越来越不好。这是一种慢性毒药，我们都要小心。

———————————◀ **CEO** ▶———————————

　　有一个周六例行述职，七个部门的领导齐聚会议室，讨论本周存在的问题及解决思路，财务、销售和人力资源部门的三个领导争执起来，问题尖锐，互不让步，于是争执升级。

　　这种事情是常有的。我开会的老规矩：会议上尽可能争论，真理越辩越明。有持不同意见者，会议才更有意义。但是，绝对不能吵架，不能牵扯到个人恩怨。如果部门领导的意见始终大体一致，反而不是什么好事。两个意见始终相同的领导，必定有一个是没必要留的。

果然，他们的争执虽然很激烈，却并没有超出控制，因为大家都很清楚我的脾性和原则。这样的情况我也冷眼旁观，并不觉得惊讶或者紧张。

会议最忌讳的是"会而不议、议而不决、决而不行、行而不果"。俗话说，会议开得好，工作没烦恼。那天，三大部门探讨的是销售人员离职带来的货款回收问题。销售部门说财务部门没按流程提醒，财务部门说销售的最终目的是回款，款回不来一切都白搭。销售部门又说公司为每名销售人员办了担保手续，如果这种概率很低的意外发生，应由人力资源部负责追踪被担保人员，协助回款。

讨论就这样展开了，讨论的目的是拿出一个可行的方案，避免此类事情再次发生，并解决发生后如何追缴、各部门如何配合、各部门的责任和义务等问题。

讨论了十五分钟还是没有结果，于是，我们的人力资源部经理说了一句话，这句话让我突然有些醒悟。这句话是这么说的："是这样，这个问题我们下来再说吧，会上一时半会儿也说不清楚。"

这句话是不是听着耳熟？经常主持会议的人应该有同感。

很多会议的很多议题，都因为这句话逃脱了群体围攻，不再是"被议论出结果"的命运。

试想如果在各部门领导都在的情况下，一群人依然无法制定出有效的方案，达成共识的话，那么会议结束后几个人、两三个部门就能拿出解决方案了？

这种可能性不大，即使拿出了解决方案，也会面临各部门达不成共识的问题——达成共识是企业最大的成本之一。

实践证明，会议中提出的解决方案达成共识的效率较高，在会议的高压下，各部门领导会迅速摆正自己的位置，很快达成一致意见，接下来就是贯彻落实了。而会下提出的解决方案，往往要逐一沟通（有时候各部门领导会有一两个不在公司），成本高，而且给了部门领导过多的思考时间，会让他们以部门为中心，产生本位主义的想法，从而提出各种各样的问题，借故不接受方案，并阻碍其执行。

所以，人力资源部经理提出"下来再说吧"这句话时，我瞬间联想到很多以前的实际情况。原来，我们的很多会议就是这样在不经意间流于形式，导致"议而不决、决而不行、行而不果"的后果。

"下来再说吧"会让企业效率低下，让会议的风气变得越来越不好。

"为什么要会议结束后再说？为什么会议上不能拿出解决方案呢？我们很多问题，就是'下来再说'造成的！从今往后，只要是会议确定要讨论的主题，不允许说'下来再说'……开会的本质是解决问题，而且是想更快速地解决问题，所以才选择开会这种形式。今天就这个问题，必须拿出解决方案，拿不出来都不要下班！"

人力资源部经理讲完那句话后，我毫不客气地说了上述这段话。

您，是否有过这样的经历？是否有和我同样的感受？

大多数情况下，"下来再说吧"这句话是一种慢性毒药，我们都要小心。

别说"我们以前……你们现在……"公司伤不起

　　常把"我们以前……你们现在……""想当初"之类的话挂在嘴边，时间久了会大大削弱团队的向心力，极大地影响领导者的个人魅力，严重的会导致部门员工流失率加大。

──────────◀ **CEO** ▶──────────

让我们先看两个案例。

案例一

公司销售内勤以前归销售部门管理，人员稳定，几乎没出过什么差错。财务部门要求内勤配合启用金蝶财务系统，但因事先未与内勤领导沟通而擅自指挥内勤，调不动，于是，财务部门很恼火，向老板反映，强烈要求内勤划归其下。人员划归财务部门后，内勤经常更换，工作也经常出差错，而且此事闹得营销总监不太愉快。公司要求针对销售内勤频繁更换的问题拿出解决方法。以下是营销总监与财务总监的对话：

营销总监："我有什么办法？当初老板要求内勤划给你们，现在我又不管理她们。我们以前管理内勤的时候，哪有这么复杂，内勤一两年都不曾流失，也不曾出过什么差错。现在你们接管过来，就这么多问题，真有这么复杂？"

财务总监一听，也知是事实，但也听得出来这是在否定自己的管理能力，他倒也不做解释和争辩（那位财务总监脾气好）："那怎么办？现在要我们接管，我们又不懂销售……"

营销总监："别、别，这和懂不懂销售没关系。销售上的问题，都是我负责；现在内勤更换频繁，经常出错，纪律涣散，是行政管理和流程的问题。"

案例二

也是关于销售内勤的事情。前两年内勤的整体素质确实高一些，工作做得细致，客户评价颇高，而现在经常接到客户和业务投诉，投诉涉及内勤服务各方面的问题，情况严重，所以召开了内勤大会。

财务总监："现在内勤经常出错，干活儿不细致，已经引起客户严重不满。临时开个会，大家说说，该怎么办？"

营销总监冷哼一声："我们以前的内勤，你们可以去问问老业务和客户，看看怎么评价。客户到西安来了非要见面请吃饭，可见人家服务做到何种地步！现在呢？哼，别说吃饭了，投诉一大堆……"

我特别精选以上两个真实发生的案例，想说明什么呢？

"我们以前……你们现在……"这种话说出来合适吗？

尽管营销总监所说的是事实，但是作为一个高层领导，讲这种话还是欠妥。无论有意无意，这句话透露的意思都很明显：以前情况不错，现在情况很糟，糟的原因关键在于领导。这样说话很容易导致双方对立。

试想，现有的内勤听到这话心里会怎么想？哦，营销总监的意思是我们都不如以前的内勤嘛！不管营销总监是不是真有这个意思，别人都会这么想。

有的部门经理爱用一个意思相近的口头禅，那就是张口闭口"想当初"。开始，员工听听可能还觉得很有教育意义，对自己也有一定的影响，然而听得多了会感觉这其中充满了对员工的不满，有暗指现在的他们不如以前的人的意思。于是，有些员工就会产生逆反心理，一听到"想当初"，就想方设法打岔，或者赶紧找理由走开甚至辞职走人。

领导们，反思一下我们自己吧，常把"我们以前……你们现在……""想当初"之类的话挂在嘴边，时间久了会大大削弱团队的向心力，极大地影响领导者的个人魅力，严重的会导致部门员工流失率加大。

所以，一个公司里，如果领导经常讲这样的话，其实是不太合适的，会无形中导致对立。"我们""你们""以前""现在"这样的字眼很伤人，长此以往，公司伤不起。

我以前也讲过类似的话，因为自认为领导能力还不错，后来感觉不合适，就下决心把这句话戒掉了。所谓"言者无心，听者有意"，戒掉这类话以免伤人，造成误会。

我相信，这种话很多公司都有人讲过。其实从另一方面讲，这不是从解决问题的角度出发去思考问题。有一定程度的抱怨情绪，在私下可以讲，但在公开场合一定要谨言慎行。

"从明天开始"不行！

不要动辄"从明天开始"，不要形成这样的口头禅，犯了错就立即按照制度执行，没有任何讨价还价的余地。制度不是商品，不能交易，不能降价或者打折。

◄ **CEO** ►

我们从一段对话开始。

有一天，人力资源部早会后例行检查办公室卫生，发现财务部门等多个部门的办公室卫生不合格，于是，在当天下午的夕会上，人力资源部经理做了如下讲话：

"各位，你们看看我们的办公室卫生，都成什么样子了？啊？给大家说了多少回了，卫生一定要打扫干净，这么简单的事情我们都办不好，还能干什么呢？所以，从明天开始，如果再有不合格的，直接按照制度给予相应的处罚。"

后来我发现，"从明天开始"基本上是一句口头禅，是部分领导者管理员工时的口头禅。比如员工犯错了，大都很严肃地批评一顿，然后附上一句"从明天开始，如果再发生类似的事情，我就不客气了"之类的话。

"从明天开始"这句话很厉害，公司制定的所有制度都因为这句话被绕过去，犯错的员工因为这句话被赦免，管理的领导因为这句话示恩于人。

我们看看下面这些管理工作中常见的领导训话：

"大家看看我们的早会开成什么样子了？没有一点儿激情！从明天开始，我希望有一个大的改变……

"都看看，啊！几乎三分之一的员工没穿工服！我就不明白了，你们为什么不穿？从明天开始，再不穿工服一律按照制度处罚！

"谁的手机响了？一再强调会议期间手机调为静音或者振动状态，为什么还是做不到？从明天开始，会议期间手机响的，一律按制度处罚，五十元一次。

"各位领导，都看看几点了？我们定好的下午六点十分在我办公室开会，为什么还是有人迟到？从明天开始，准时下午六点十分开会，迟到者按照我们的会议制度给罚款箱交钱就行！

"李经理，我是不是交代你每天的工作都要汇报给我，为什么没有汇报？很忙吗？从明天开始，每天下午下班前向我汇报工作，否则我们按制度执行。

"最近我发现啊，很多员工在上班时间上网聊天，这种现象可不好啊，希望各位主管注意。从明天开始，人力资源部开始检查，发现上网聊天者，按照我们公司的规定，部门主管连带处罚。"

……

大家从以上熟悉的话语中发现了什么？

"从明天开始"看起来似乎是给大家一个机会，给员工一个改过的机会，给领导一个卖好的机会。实际上，这句话严重影响了制度的严肃性和公正性。制度就是制度，谁触犯了必须受到应有的处罚，让其他员工引以为戒。在制度面前，不能给犯错的员工机会，否则，以后员工犯错都要求给他一个机会，领导该怎么办？

在公司里，任何一件事情的处理，都会引起很多人的观望和议论。"从明天开始"这句话实际上是给犯错的员工开了绿灯，久而久之，就会降低制度的威信，很多员工会侥幸地认为自己犯错后也会是一个"从明天开始"或者"从下次开始"的结果。

所以，不要动辄"从明天开始"，不要形成这样的口头禅管理，犯了错就立即按照制度执行，没有任何讨价还价的余地。制度不是商品，不能交易，不能降价或者打折。

　　一个执行制度总是打折的领导，一个处理事情总是不按制度执行的公司，基本上脱离了用制度管理企业的初衷，已经大踏步地奔向人治时代。

　　"从明天开始"，希望它不再是企业管理中的口头禅。

"我希望"不管用，制度才管用

管理不是靠嘴说的，需要有制度。在许多方面，制度的约束力远远大于领导的一句"我希望以后不要再犯"之类的告诫。

◄ **CEO** ►

人生有没有希望？

其实，人生本没有希望，只有"干"出来的希望。

有一次路过钟楼，我给了一位乞丐五元钱，刚好没事，就蹲下来和他聊天。我从中知道，原来他的期望很大，他希望拥有自己的房子，拥有自己的车子……

有希望固然是好事，但希望不能代表一切，希望不等于结果。只有

"干"，才会有结果！

这里要说的是公司里关于"希望"的事情。

有位部门经理，其管辖的员工经常犯错误，经常违反公司制度。于是，该部门经理形成了下列口头禅：

我希望大家引以为戒……

我希望从今往后类似的事情不再发生……

我希望从明天开始大家调整状态……

我希望你们一定要戴工牌……

我希望大家以后不要再迟到了……

……

第一次，领导说"我希望"大家怎么怎么，员工还愿意调整；第二次他再说"我希望"，有些员工就对这句话疲倦了；时间久了，员工对这句话就产生了免疫力，它就失去了警示的作用。

员工犯了错误，首先要检视流程是否正确，管理系统有没有漏洞，是流程的问题呢，还是员工个人的问题？如果是系统的问题，应立刻完善管理系统，避免类似的事情再次发生。如果是员工个人问题导致的，要按照制定的奖罚制度予以处罚，然后再对其引导教育。

这位部门经理的错误之处在于：他过于强调个人的作用，总是口头上强调存在的问题，而没有落实具体的管理制度。

管理不是靠嘴说的，需要有制度。在许多方面，制度的约束力远远大于领导的一句"我希望以后不要再犯"之类的告诫。

很多公司都存在口头管理的情况，许多领导喜欢根据以往的经验口授锦囊妙计。《三国演义》中的诸葛亮就是这样的，所以诸葛亮没有培养出一批能干的干部。

一个人再厉害，也代替不了全部。一个领导不可能长期在位，如果形成口头管理的习惯，则这个部门的经验永远等于零。如果换一位领导，那他什么都不知道，因为前任领导是口头管理，个人因素大于一切，个人经验至上，没有部门的记录。

一个国家为什么必须记录历史？因为历史能给我们经验和教训，让我们反思，在历史的基础上总结出更好的东西。一个企业必须学会记录自己的历史，一个部门同样要学会记录部门的历史。

《士兵突击》中钢七连的光辉历史，让每一个加入其中的士兵都感到无比荣耀。我们的团队有没有记录自己的历史？

好记性不如烂笔头，书面的东西比口头的更有生命力和稳定性。口头强调永远是三分钟热度，书面的管理制度才具有长久的震慑力。

习惯于口头管理的领导，口头禅就是"我希望"这样的话语。

"我希望"这句话，显示了个人的期望，而不是系统的趋势。在先进的组织形式中，系统的力量永远大于个人的期望。

"我希望"代表的是口头管理型领导，企业员工人数越多，领导的"希望"的作用半径就越小。员工犯了错误，你凭什么去处罚？依据在哪里？强行处罚造成的影响是什么？

我们还是先看两个案例。

案例一：公司采用口头管理引不满

王东就职于某日化企业。某天早上，突降大雨，王东因衣服湿透而中途回家换了身衣服，到公司后因迟到被处罚20元且通报批评。他认为公司的做法不够人性化。同时，他还愤愤不平的是，公司经常在员工不知情的情况下做出罚款通报。例如公司临时通知开一个重要会议，有的员工因为当天请事假没有参会，依然被处罚。此外，公司的会议经常安排在下班后召开，有时还有其他活动，经常占用员工的下班时间。

王东找人事经理沟通，其给出的解释是：所有的处罚和相关规定都有依据，员工手册上都有注明。当王东索要制度手册时，人事经理又表示，员工手册有好几个版本，后来大量补充制度没有列进去，有些是约定俗成的"口头规定"。

案例二：口头上的头等大事

侯工是某集团研发部的经理，主要负责公司新品的研发。年初董事长下了死命令，上半年研发部务必研发生产出5~8个产品，这些产品要在下半年召开的全国经销商大会上正式亮相。这是公司2014年发展的头等大事。但是现在四个月过去了，进度却只完成了四分之一，任务极为繁重。

问题是，董事长虽然在大会上明确表示：推出新产品是公司2014年战略层面的头等大事。并且他多次在公开场合要求各部门大力支持，但在组织架构、具体资源分配上，却没有明确的协调机制。

在关系协调上，董事长也没有指定专人牵头负责，侯工作为研发部经理，与生产部、市场部等部门经理是平级的，没有行政权力，只能大家一起协商解决，不可能大事小事都直接请示董事长，因此研发进度受到了极大影响。

以上两个案例，都彰显了口头管理的弊病。我给许多企业做内训，发现它们同样存在着这样的问题。不同的是，很多领导学会了与时俱进，口头管理不再像以前那样明显，变得隐性化了。

这些领导也制定制度，员工触犯公司制度后，领导大发脾气，在会议上进行批评，批评结尾总结时说："我希望大家引以为戒，不要再犯……"甚至有些老板因为员工犯错而大发脾气，给公司员工造成很不好的影响。

其实完全没必要，犯了错误就按制度执行，如果制度不完善立刻修正并书面公布，各部门领导一切按制度办事，不需要天天说"我希望……"之类的话！

"你抓一下"：抓得了一时，抓不了一世

> 一号人物切记不能胡乱指挥，长此以往，会造成企业"插手"风气盛行。要么重新定义架构和职责，要么该谁管理就让谁管理，协助和主抓是两回事。"插手"的严重后果就是事情没有成果时，有人会推卸责任。

◄ **CEO** ►

一次，公司销售内勤集体闹离职，事情闹得很大。自从一号人物决定将销售内勤从销售部门划归财务部门后，一直存在因管理不善而频频离职的现象。销售内勤是公司对接全国客户的窗口，所以对公司的服务质量产生了严重的影响。

鉴于此，一号人物通知我："毛总，销售内勤最近管理混乱，你主

抓一下吧。"

我头疼了，按照管理架构和职责，我分管销售部门和人力资源部门，生产和财务部门不归我管，可是一号人物习惯性地认为该我管。

"认为该我管"和事实上的职责明显不符，怎么办？

不知道大家是否经常遇到这样的问题：谁能力突出，就让谁管本不该他管的部门，习惯性的说法就是"你抓一下"。

我不愿意这样做的原因，并非我不顾大局，而是架构、职责不清容易造成管理混乱。而且，我可以抓一时，但我不能一直抓一个本不属我管辖的部门啊！

如果按照一号人物的思路发展下去，就会形成一种怪象：不属于你管辖的部门一旦出问题，该部门真正的领导并不着急，并不慌张，也不需要承担责任。因为他清楚地知道会有人出头解决，会有人比他还着急，会有人承担责任！

所以，一号人物切记不能胡乱指挥，长此以往，会造成企业"插手"风气盛行。要么重新定义架构和职责，要么该谁管理就让谁管理，协助和主抓是两回事。"插手"的严重后果就是事情没有成果时，有人会推卸责任。

可以想象：如果"插手"后管理水平提升了，就会对"插手"的领导形成永远的依赖，也无法让该部门真正的领导成长起来。如果"插手"没有成功，一号人物追究责任时，会是谁的责任？是上级委托的这名"插手者"的责任，还是该部门领导的责任？

该部门领导肯定不会承担责任，他肯定会找出各种各样的借口推卸责任。比如，他会说"毛总，当时这个事情您也知道呀，您不是也管了吗""毛总，自从您管理后，我就啥也没管了啊""这个事情没人告诉我啊"这一类的话。所以，从你开始"插手"的那一刻起，他要负的责任已经开始向你身上转移。

一件事情如果办砸了，谁是这个部门的主管，谁就该负百分之百的责任。可是，如果一号人物胡乱指挥，造成"插手"之风盛行，一旦出现了问题，要由两个人来负责的时候，请问大家，每个人各应承担多少责任？百分之五十吗？

我们来看一段有趣的对话：

路人甲："你为什么离开了A企业？"

路人乙："别提了，那公司的老板特别喜欢指手画脚。我正按原计划执行部署，他突然插手进来，而且完全不了解情况就一通乱指挥，帮倒忙。我越不希望这样，他越是插手，而且不亦乐乎，搞得我根本没法干活儿，只能离开。"

路人甲："你之前遇到这种情况是怎么处理的？"

路人乙："既然他想插手，那我还操啥心呢？不然出了错算谁的？"

路人甲："你这样不是跟老板怄气嘛，不是对事情负责的态度，难道等着看老板的笑话？"

路人乙："谁让他爱插手呢，就是要让他长个记性，以后不要再随便指手画脚。"

路人甲："他闹了笑话后，长记性了吗？"

路人乙："哎，他要是长记性了，我就没必要辞职了！这就是他的瓶颈，所以他的企业做不大。"

站在老板的角度想一想，之所以他老是插手，是不是我们经常无法按照预期完成任务，无法让老板放心地放权？如果不是，就要和老板好好沟通。

当一号人物要你"抓一下"时，你要正确地沟通：一切按流程和制度办事！

如果认为目前的流程或者制度不合理，必须得你插手抓管理，那必须是修改职责并书面公布在前，正式管理实施在后。

很多企业，部门内部修改了员工的职责，却未对公司其他部门公布，导致事情发生后不知道该找这个部门的哪个人来解决。这种情况在"插手"管理中也存在，需要注意规避。

最后要说的是，"你抓一下"，只是临时紧急的处理方法，千万不要当成常态！

一句"拿着"胜过十句"我会给你的"

　　许多老板和高管都喜欢对下属许诺，给下属画饼。画饼有时固然需要，但不要过于频繁。最重要的是，饼一定要看得见够得着，而且要及时兑现，否则以后再画饼就没有意义了。

◄ **CEO** ►

　　数年前，我在某家公司的两个同事——也是公司高管，多次私下在我面前抱怨（我适当地制止了）。一个人抱怨的大致内容是：老板三年前就让他赶紧考驾照，许诺为其配一辆车，但他的驾照已经在手三年，上车都明显感觉手生了，却连车的影子都还没见到。以前老板还经常挂在嘴上说这件事，后来干脆连说都不说了，看起来更是没有指望了。

　　另一个是驻外区域总监，老板私下许诺每月在工资之外单独另补一千元，年底一次性结清。结果当年年底没有给，一直到次年六月才姗姗来迟。最后是钱给了，老板却没落着好。

　　这种事情在公司里太常见了，许多老板和高管都喜欢对下属许诺，给下属画饼。画饼有时固然需要，但不要过于频繁。最重要的是，饼一定要看得见够得着，而且要及时兑现，否则以后再画饼就没有意义了。

　　老板许诺给其配车但一直没兑现的那个同事，无意中告诉了我这么一句话：话说得再多，兑现不了也没什么意义，说"我会给你的"次数多了就和"狼来了"的故事一样，一句"拿着"胜过十句"我会给你的"！

　　可以想象这么一种场景：领导突然把你叫到他的办公室，说最近工作表现不错，部门业绩也达成了，这台笔记本电脑送给你，是公司对你工作的认可。这比领导多次许诺要送你一台笔记本电脑，却在等了很久后才终于给你强多了吧？那样的话，你不仅已经没有了等待的喜悦，而且即使最后得到了这台笔记本，也认为是自己应该得到的，反而会抱怨兑现得太迟了。

　　我并非危言耸听，在企业的实际经营中，如何奖励、如何花钱是很有技术含量的一件大事，这件大事会影响全体员工的工作激情。

经常听到有人说，花钱谁不会啊？错了！花钱最能体现领导在激励方面的造诣，但恰恰就是花钱，困扰着很多企业的老板和高管。你可以想想，你所在的公司里这样的例子比比皆是。

从公司奖励的角度讲，会花钱的领导，才是好领导。

画十个饼，不如兑现一个饼。当你许诺十个饼却迟迟不予兑现时，你的这种做法其实已经影响到全体员工对你和公司的看法了，舆论会变得对你不利。

有一个经典的例子。一位并不富裕的先生从大桥上经过，看见一个衣衫褴褛的乞丐，觉得他很可怜，于是，停下来，从兜里拿出五块钱给乞丐。乞丐感激涕零，连声道谢。毕竟，很少有人对一个乞丐如此大方。第二天，这位先生又从桥上经过，他又施舍给这个乞丐五块钱，乞丐又感激地说了声"谢谢"。日复一日，每天施舍给这个乞丐五块钱已经成了这位先生的习惯。突然有一天，这位先生从桥上经过时只拿出了两块钱给乞丐，乞丐不解，先生抱歉地说："对不起，我有了家庭，我需要更多的钱去供养我的老婆和孩子。"乞丐愤怒了，他站起身，大声地嚷道："什么？！你怎么可以把给我的钱拿去供养你的老婆？"

这个案例和前面说的驻外区域总监的事情一样，最后钱是给这个高管补了，但高管并不领情。因为他认为这个钱本来就是他自己的，公司早就应该给他。

所以，奖励一定要及时，否则会寒了人心。如果一件属于奖励范畴的事，被领导经常挂在嘴上，这个员工潜意识里就会认为这个奖励已经是自己的了，即使公司最终兑现，员工也不领情，这就是公司里典型的花钱不落好的行为。

所以，多体会体会这句话吧：一句"拿着"胜过十句"我会给你的"。

6

平衡和效率

管理你的客户

生意太好容易死掉

处理得好，抱怨也是生产力

守正与出奇

最优秀高管的绝招：向上管理

拥有的知识越多，越难成功

人与人之间就是相互利用

管理你的客户

在战略上，企业必须把客户当上帝；但在战术上，可以把客户当员工管理，适当地设置一些障碍。这不但不会影响客户对公司的评价，反而能提高企业的利润率。

———————————◄ **CEO** ►———————————

一流销售虐待客户？没搞错吧？

没错！这不是玩噱头，而是事实就是这样的。

其实，很少有公司真正把客户当上帝，那些喊出"以客户为中心"口号的企业，实际奉行的是另外一套理念。

客户是上帝，这句话来源于沃尔玛，但实际上是一个谎言，是迷惑企业的教条。不过，没有企业敢公开说一流销售虐待客户，这样说等于搬起石头砸自己的脚。然而，"说"是一回事，"做"又是另一回事，不说不等于不做。

一方面，很多企业未必真正重视客户，起码没有重视客户所需要的必要的流程和措施，"客户是上帝"仅仅是个口号。另一方面，真正把客户当上帝的企业也是有选择地满足客户，并非客户的一切要求都能得到满足。

无论哪家公司，都不可能做到满足客户的所有需求。企业是要赢利的，不是福利机构，要计算投入产出比，如果客户事事满意，企业肯定不满意。

比如，打款手续费问题，虽然每次只有十几块钱，但如果全部由公司承担，一年下来也要几十万元，这是纯利润啊！企业如果不承担，客户肯定不乐意，矛盾就结下了。

关于服务客户，有一句比较极端的话："三流销售巴结顾客，二流销售冷落顾客，一流销售虐待顾客。"比如，唐僧师徒历经九九八十一难，何等艰辛方才取到真经，自然十分珍惜；有时太容易得到的东西反而并不重视。同理，很多时候，客户提出的要求我们不能答应，适当地拒绝客户反而让我们成长得更快。

客户和我们虽然是合作伙伴，但如果把客户当作上帝，我们是无法要求客户和我们一起成长的。只有我们把客户当作广义上的员工来对待，才能要求客户按照企业的发展思路一起成长。像管理员工一样管理客户，才是正确的思路。很多时候，客户不好沟通，那是我们惯出来的！

对待客户，一定要有所为。有所为是指对于客户提出的合理的问题和建议，一定要在二十四小时内解决并予以答复，要优化服务流程，提升服务品质。同时，对待客户也要有所不为。有所不为是指针对客户提出的一些特殊的需求，适当的时候要敢于拒绝。企业制度中要有这方面的规定，员工在和客户打交道的时候，也要经常拒绝客户不合理的要求。

比如，公司合同制度规定不允许退货，客户也明白，但是面对新上任的经理，还是免不了要问问。本来客户也清楚公司的制度，只是习惯性地抱怨，可是区域经理此时却做了一个错误的答复：这件事情的确不好办，我问问公司领导，然后再给您答复！

就这么一句简单的答复，等于给即将熄灭的火堆又扔了一根火柴，给了客户希望。于是，客户就活在你营造的希望当中，当你终于告诉客户没有办法时，客户的情绪就变得大起来。

正确的答复是当时就向客户明确表态，委婉说明这是公司的制度，谁也没办法，从而彻底把路堵死。客户自己知道制度确实如此，也就罢了。

我曾经服务的一家调味品公司，有一个东北的大客户，经常在订货时索要政策。由于该客户与公司各位领导的关系均不错，脾气就比较大，每次要政策都狮子大开口，但大多数时候都得到了满足。

我们上任后，对于促销政策，明确规定：除非公司统一做活动，政策一律平等，不允许有特殊政策，搞特殊化。因为我们发现，业务员和大区经理、客户整天围绕如何索要促销政策与公司领导周旋，大量时间都耗在讨价还价上，内耗严重。

大客户吃惯了特殊政策，一次彻底取消显然不可能。于是，我们用一个季度的时间逐步取消。起先客户反应很强烈，甚至告状告到了老板和老板娘那里。但是我们不管，我们负责管理销售工作，自然是我们说了算。老板也不便插手，只是说不要搞得太僵，因为关系都不错。

每次客户索要政策我们都不同意，双方玩起了心理战，打时间差。我们向客户说明：此政策全国仅有一家可以享受，因为考虑到和领导的关系，这已经是格外照顾了，否则谁都批不了。

一次又一次，客户的要求都没有得到满足，他们的胃口慢慢变得小了起来。后来我们直接给予明文通知：全国促销政策统一停止。客户一听就急了，次年的全国糖酒交易会刚结束，就从糖酒会举办地成都杀到西安。

在谈判中，我们要求客户按照我们制定的任务指标签订合同，在促销政策上我们都不松口，在最后关口才同意，如果客户按照百分之一百三十的递增速度签订任务合同，促销政策可以恢复。这可把客户高兴坏了，用东北话说"啥也不说了，签"，很爽快地就把合同签了。

其实，绕了很大一圈，最终给客户的，只不过是当初客户看不上的。但是通过适当的拒绝，降低了客户的心理预期，最后在其希望破灭时，又给予满足，客户能不高兴吗？

用一句话总结：在"道"方面，企业必须建立以客户为中心的服务体系；在"术"的操作上，适当地拒绝客户反而有利于提高企业利润。

也可以说，在战略上，企业必须把客户当上帝；但在战术上，可以把客户当员工管理，适当地设置一些障碍，这不但不会影响客户对公司的评价，反而能提高企业的利润率。

对待客户，企业应该有所为，有所不为，这才是正道。

生意太好容易死掉

很多企业倒闭，不是因为生意不好，而是因为生意太好。"生于忧患，死于安乐"，说的就是这个道理。

◀ **CEO** ▶

有一个周六，按照惯例晨会上要有领导训话，原定的领导临时有事，只好由我顶上。

简单问好之后，我问了大家两个问题。

首先，请问我们是在痛苦状态下成长得更快，还是在快乐状态下成长得更快？

其次，企业是在生意好的时候容易倒闭，还是在生意不好的时候容易倒闭？

很多人说，自然是快乐状态下成长更快。

的确，人在快乐状态下学东西快，容易接受，所以很多人都说"快乐成长"。不过快乐状态下学到的东西大多属于"术"的层面，是技巧。对于技巧，保持快乐的状态，带着问题去学，成长速度确实会更快。

但是，一个人要想获得质的飞跃，发生性格上的巨大转变，常常需要经历极大的痛苦。金庸武侠小说里的很多主人公都是这样的例子，经历过巨大的痛苦后终于得悟，整个人发生质变。

周五军训，天气比较冷，很多人的手冻得通红。我开玩笑问"冷不冷"，大家说"冷"，我又问"痛苦不痛苦"，有些胆大的人回答"痛苦"。我笑了，说："痛苦？痛苦就对了！人都是在痛苦中得到成长的，没有人是在快乐中得到成长的！"

当然，这个话有些绝对，有些读者也许会反驳，不过不要紧。事实上，很多人不愿意也没有正视过这样一个现象：人都是逼出来的，痛苦才是促使我们成长的真正因素。

俗话说"穷人的孩子早当家"，就是这个意思。有一个有趣的说法：一个男孩真正走向成熟，必须经历失恋的痛苦。当然，还有更极端的说法：要想成为作家，你必须经历三次以上的失恋……

同样，在一个企业里，如果员工都是快乐的，这个企业未必发展得好，这个企业的文化不见得比别的企业强。人，太快乐了就容易丧失创造力，丧失竞争优势。这个道理同样适用于大自然，比如狮子和羚羊的故事、鲶鱼效应等。真正完全快乐的鱼是会很快死掉的，真正完全快乐的民族是会失去创造力和变革意愿的。

有个故事可以阐述这个观点。有两块石头，一个长期被人踩在脚下，一个却被摆在桌上供人观赏。被人踩在脚下的石头抱怨自己命运不济，就问桌子上的石头：同样是石头，为什么命运如此不同？桌子上的石头轻描淡写地说：那是因为我受过千刀万剐。

至于第二个问题，其实很多企业不是因为生意不好而关门，反而是倒在生意太好上了。这个话听起来很不可思议，难道生意太好反而容易促使企业倒闭？

没错，的确如此！

有个餐厅的故事很让我们受用。这家餐厅只有接待一百个人的能力，在第一百个顾客进来后，服务生会在门口放置告示牌：本餐厅顾客已满，为了保障能提供优质的服务，我们无法再接待第一百零一个顾客，非常抱歉！

反观我们的很多大餐饮店，顾客多多益善，越多越喜欢，不管自己究竟有没有能力服务这些顾客，先把顾客招揽进来再说，结果呢？连自己的VIP顾客都得罪了，上菜速度太慢，没有服务员理睬。一句话：生意实在太好。

国内那些曾经家喻户晓而现已不见踪影的企业，三株口服液、沈阳飞龙、秦池古酒……衰落的原因，没有一个是因为生意不好，恰恰相反，全部都是生意太好了。

闻名中外的阳澄湖大闸蟹，每年仅能产蟹两千吨左右，但全国每年消费的大闸蟹在三十万吨左右，那么多的缺口哪里来？生意太好了，许多中间批发商和蟹农就开始"想招"，对一些普通的蟹进行刷白等"包装"，混入大闸蟹中，以假乱真，导致真正的大闸蟹一蟹难求，阳澄湖大闸蟹前景堪忧。

2012年中秋国庆双节连庆，但是对有车一族和旅游一族来说却是可怕的梦魇：全世界罕见的大堵车，更可怕的是全国旅游景点出现一系列问题。"华山数万人滞留，黄山游客爆满。故宫人山人海，长城不分内外。"这是描述长假期间景区游客爆棚情景的顺口溜。很多景区为了短期经济利益，不限制游客数量，让游客体验大大降低，甚至来一次之后不再踏入第二回，反正中国人多，这些景区也不在乎。

如今的房地产行业，恐怕要重蹈这样的覆辙。近二十年来，中国房地产的生意实在太好做了，只要是家企业，只要进入房地产行业，都能赚钱。质量、户型、服务等还没有被大多数企业真正重视，如今行业进入调整期，有些企业估计快要被淘汰了。

　　归根结底是因为：生意太好了，容易死掉！正所谓"生于忧患，死于安乐"，就是这个道理。

　　从痛苦中走出来的人，会有不一样的视野和较为成熟的心智。经历过九死一生还能活着的企业，都是伟大的！

处理得好，抱怨也是生产力

　　抱怨是反映问题的一种尖锐表现，是一种减压的途径，也是一切改进的前提。有抱怨并非一定是坏事，处理得好，能把团队舆论引向积极、健康的方向，产生强大的生产力。

◀ **CEO** ▶

也许你会奇怪，企业通常都是不提倡抱怨的，抱怨怎么还会产生生产力呢？

　　看完下面两个案例，你就明白了。对抱怨的处理方式不同，结果会大相径庭。

　　我们公司的一个部门经理，经常在下面抱怨，有时甚至当着员工的面抱怨，抱怨公司各项配套措施跟不上，抱怨领导魄力不够，抱怨这抱怨那。久而久之，员工也大胆起来，下市场送货时也开始抱怨，甚至在一起讨论公司的不对之处，更严重的是，有些员工还将这种抱怨传递给我们的终端客户！

怎么处理？

员工有怨气，有抱怨，说明他还在乎。如果一切都不在乎，也就无所谓了。一个公司，最害怕的就是团队对什么都无所谓。因为他们即将离去，还怎么可能卖力地工作，维护公司的声誉？

最近三个月，是公司销售的旺季，但产品一直没有得到及时的供应。一方面，这影响市场销售，客户有意见；同时，也影响了销售人员的业绩，自然他们也有很大的意见。于是出现了这样一幕，不知是哪位员工，在十九楼电梯门上写了这么一句话：整天没货，干×××啊。

遇到这种情况，怎么办？

另一个例子，公司全国商超部经理突然提出离职，一号人物与之沟通后找我谈话，说我们应该提早发现一些存在的问题和隐患，而不是等到问题发生后再去补救，这样很被动。

原来，公司的工作环境让这位商超部经理一直觉得很不舒服。商超部的各项费用审批流程复杂，经常解释很久都不一定能批，加之财务部门反映他所带的部门几年都是亏损，今年听说还是亏损（他可能不相信），让他产生了负罪感，觉得工作再好也没有价值，无法得到认可。

他思前想后，决定离职，寻找新的机会。

我与一号人物商讨，避免类似问题的发生有两种方式：第一，定期召开高层抱怨大会，让大家畅所欲言，对公司提出各项建议以及抨击现存的弊病，发泄怨气，同时公司进行调整；第二，设立董事长开放日。在开放日前一天，由董事长秘书通知各部门经理次日与董事长谈话。在开放日当天，董事长与他们一个一个地进行深度沟通，了解其思想状态，拉近感情，并鼓励他们给公司提出尖锐的建议和批评。

我发现，一个团队如果有了怨气却没有发泄的机会，也没有领导对此进行适当的处理，迟早会出问题，甚至团队领导本身就会出问题，就像前面举的商超部经理辞职的例子一样。

检视团队的状态，了解清楚团队领导的思想状态，是公司高层最重要的一件事。很多大事都是因为不注意或不注重小事才最终发生的，很多事情发生前都曾有过一定的迹象或征兆，就看我们领导能不能看得到，是不是重视。

任何事都有两面性，抱怨也有它好的一面。如果一个员工什么都不抱怨，只是把对公司的不满储存在内心的最深处，甚至一切都无所谓，看到了问题也不着急，更懒得去反映，这样的员工对公司有意义吗？

抱怨就是反映问题的一种尖锐表现！

2010年，公司的红色干部训练营第一次代表会议召开，会议的效果出乎意料。因为一号人物未在场，很多主管都将牢骚统统发泄出来，并提出了许多改进意见。在大家激烈的碰撞中，很多问题都找到了非常不错的解决方法。会后，许多主管都表示心情很舒畅，谁也没想到这么一个抱怨大会，会提出那么多那么好的解决方案！

抱怨有时也是一种减压。当一个人遇到问题而抱怨时，对他是一种情绪上的放松，适时的抱怨有助于调整精神状态，恢复对工作的激情，否则会使不利的一面膨胀，甚至导致精神上的扭曲。此外，抱怨有时也会产生对所抱怨事物的不同的看法与灵感。

抱怨是一切改进的前提！

某一年年底，公司召开年度战略检讨会，会议以平和的方式开场，以抱怨的形式进入高潮，最终形成新的战略方案，完美结束。

你是愿意在抱怨中脱颖而出，还是愿意在抱怨中痛苦挣扎？管理者要管理好自己的抱怨，更要管理好团队的抱怨，把团队舆论引向积极、健康的方向。

一天下午，我在公司干部训练营平台上发布了如下信息：

抱怨并非都是坏事，关起门来的内部抱怨是推动企业成长的原动力之一。抱怨越尖锐，问题越容易引起重视，越容易得到快速解决，同时还释放了团队的怨气，让团队焕发新的活力，进入良好状态。一味压制下属的声音，只会让我们刚愎自用。任正非说："谁来呼唤炮火，让听得见炮声的人来决策！"干部训练营的同人们，适时地召开抱怨大会，既能让你的团队实现螺旋式成长，也能扩宽我们的胸怀，提升我们的掌控力。

所以，有抱怨并非坏事，关起门来开会抱怨能解决问题，出门就会带着好的情绪工作。对下不抱怨，这才是我们想要的结局。

守正与出奇

> 企业管理不能太正统，太正统的管理体系无法创造奇
> 迹。太正统的企业管理往往看起来很平衡，但一直平衡的
> 状态是无法带来高效率的。

————————◄ **CEO** ►————————

平衡是什么？

这里的平衡指的是"均衡""差不多"之类的意思。

越靠近基层的员工，越不需要平衡；越靠近高层的主管，越需要平
衡。比如，营销总监需要全国各大区经理之间的均衡，不允许出现尾大
不掉的局面；公司老板需要营销总监、财务总监、人力资源总监等人之
间的平衡，不允许出现某一方非常弱的局面。

　　平衡是对事物的一种整体把控，通过企业内部机制的调整，达到让企业和团队目前的状态稳定下来的目的。比如，为避免某经销商独霸一方，我们有时候采取瓦解策略，通过扶持其下的几个"二批商"来制衡他。

　　平衡本身就是一种能力，是对团队领导掌控能力的一种考验。

　　有些领导者不能很好地掌控企业，导致局面失衡。例如，没有在每名主管背后准备随时可以接手其工作的人选，以致该团队领导突然离职后，主管的位置空缺好几个月，给老板造成一种驾驭团队不力的印象。

　　平衡是保证企业稳步前进的一种必要的局面，如果没有平衡，任何组织都不能长久。其实，钓鱼岛问题背后可能存在美国的一种打破中日两国国内平衡的企图——政治稳定也是一种平衡。以美国为首的全球经济体系正遭受严重考验，亚洲崛起的两大国家——中国和日本，在全球经济中的影响力不断提升。如果中国和日本的政治环境不稳定（比如打仗），大量的热钱以及国际投资可能会转向政治相对稳定的美国，中日两国的经济必然下滑。美国作为全球经济体系中的老大，为了稳固自己的地位，未必希望中日团结。中日两国若因为钓鱼岛发生战争，最大的受益者可能是美国。

　　让我们回到企业管理实践中，同样的平衡，有的时候却又成了企业发展的阻碍因素，因为"越平衡，越没有效率"。

　　在企业管理中，过度平衡就意味着效率降低。比如，许多公司在财务方面给营销总监设置了过多的审核环节，以达到节制营销总监权力的目的。环节越多，漏洞越少；但同时，环节越多，审核就越需要时间，成本就越大，效率就越低。

在销售团队中，平衡会造成一定程度上的吃"大锅饭"现象。越是能力一般的员工，越是需要平衡，越平衡越有安全感。能力高的员工，反而反感平衡，能力越强越不需要平衡。

从这个角度讲，平衡是对企业大多数员工的一种安慰，给他们稳定、安全、靠谱的感觉。但同时，平衡是对能力高的百分之二十的员工的不公平。

一句话总结：对百分之八十的员工的公平就意味着对百分之二十的员工的不公平。

当然，许多高管或许会说：世间何曾有完全公平的事。的确，企业管理中没有完全公平的事情，如何取舍就看企业在某个特定阶段的追求是什么了。若追求的是销售业绩，就得以销售为中心，建立"以业绩论英雄"的销售文化，就不能追求平衡，必须考虑如何调动那百分之二十的有能力的人的积极性，通过薪酬体系等多方位的设计，树立标杆，树立英雄，来刺激其他员工。比如秦自商鞅变法以来所实施的军功奖励制度，赤裸裸，很暴力，但很有效。

企业管理不能太正统，太正统的管理体系无法创造奇迹。太正统的企业管理往往看起来很平衡，但一直平衡的状态是无法带来高效率的。

平衡在某种程度上说，就等于保持。俗语说"不破不立"，企业必须不断打破平衡，不断奖励刺激那些有能力的团队，然后建立新的平衡，并再次打破新的平衡，从而不断升级。

我的用人观点是，宁用有缺点的能人，也不用四平八稳的庸人。庸人大都会建立很平衡的团队，保持平衡的状态前进。有缺点的能人是对领导者用人的一种挑战，曹操的唯才是举表现出强大的掌控力和自信。

说平衡没效率，并不是完全批判平衡。企业守正是必要的，守正是基础，是保障，但一味守正是无法出类拔萃的，必须出奇。平衡就是守正，打破平衡就是出奇。

极端有时可以创造世界、改变世界，平庸大多是维持世界。

最优秀高管的绝招：向上管理

　　向上管理是一种企业内部的潜规则，在一定程度上影响着职场中的人和事。要做到这一点，你得有完整的思想体系和独特的职业风格，要敢于坚持自己的原则，表现出自己的不同之处和价值来。

──────────── ◄ **CEO** ► ────────────

你可能觉得奇怪，什么叫向上管理？

　　不急，耐心地读下去，你就会发现，其实也许你已经在向上管理，只是认识得没有这么清晰、这么深，或者没有时间整理总结得这么系统而已。

　　以销售人员为例（我是从销售岗位进入管理层的），一个销售人员能否升迁取决于是否具备管理能力，通常情况下，这种管理能力是指管理员工或管理下属的能力。

有的业务代表是个人英雄，是销售明星，却在组建、管理团队方面黔驴技穷而升迁受限，就只是"百人敌"，而做不了"万人敌"。个人武功再高强，即使有"力拔山兮气盖世"的勇猛，也只能是冲锋陷阵的"百人敌"，无法指挥团队正确作战，难以有"万人敌"的作用。

俗语说"千军易得，一将难求"，将才的作用如此之大，以至于许多企业不遗余力地网罗、发现并培养人才。

继续以销售举例，如果有以下两名大区经理同时向公司申请促销资源支持，身为营销总监的你更倾向于同意哪一个？

A大区经理经常做一些精细的活动执行方案，其中市场分析头头是道，竞品分析等有理有据，最后得出结论：需要公司在其市场加大投入，给予更多促销资源支持。

B大区经理打电话过来描述市场情况，市场如何难做等，看能否给予更多的促销政策。

你同意谁的？肯定是A的吧！

平级管理能力，能让我们在同样的平台下，拉到更多的资源为我们所用；向上管理则能从上一级领导那里弄来更多的资源，帮助我们取得更大的业绩。

不要小看平级管理能力，很多时候平级部门协调沟通不力，会影响团队的业绩及工作效率，还可能导致上一级领导对我们平级沟通能力的怀疑，甚至会影响你在下属心目中的领导魅力。

向下管理相对比较简单，公司通过职务赋予了你一定的权力。平级管理则不同，公司并没有赋予你管理其他平级部门的权力，但是你却需要调动这些部门为自己服务，所以需要一定的平级管理能力和领导魅力。

向上管理就更不同了。如何调动上级领导为我们服务？听起来似乎不太可能，实际上大家的目标是一致的，出发点相同，所以是可以实现的，关键是你要有内容、有东西、有方法，说穿了，就是要资源得要得有理有据，看起来合情合理，否则何以"管理"老板？

向上管理的历史案例很多。《贞观长歌》中，魏征被长孙无忌从长安街市上逮到，后被李世民释放并盛情邀请其做谏议大夫，魏征第一条谏议就是礼葬隐太子，李世民大悟，"只有礼葬隐太子，才能安天下百姓之心，全朕之仁悌啊，你这条劝谏胜过十万精兵"。

魏征就是擅长向上管理的贤臣，也是柱国之臣。在唐太宗这样的董事长下面做事，如果一味不作为，只图保全自己，可能连忠臣都算不上。主明则臣直，魏征不断向上管理，纠正唐太宗的行为，从而名留青史，也让唐太宗成为千古一帝。

电视剧《贞观长歌》中，太子因违背太宗旨意挥军北上，有谋反嫌疑，所以被囚禁，并禁止任何人探望。安康公主思念自己的哥哥，前往右卫军探望，却被守将常何拦下。公主很生气，斥责常何和别人一样是墙头草，看见太子倒霉了就忘记了太子往日是如何照顾常何的，但常何说了一番话后，公主很满意地离开了。这番话是这么说的："臣绝不是那种无情无义的小人哪！正因为太子关照过臣，臣就更不能让你进去看他了。如果那样做的话，臣是博得了一个忠于旧主的好名声，可那些别有用心的人就会说，太子身陷囹圄仍然掌控着军队，那就是罪上加罪了。臣恳请公主殿下三思啊！"

别看常何是个粗人，在这件事上却见识颇深。公主是聪明人，听了后不但未怪罪常何，反而对他颇为欣赏。

公主探望太子这件事的确不理智，也不明智，但常何通过向上管理纠正了公主的这种行为，从而得到了公主的赏识。

很多时候，擅长向上管理的人，会让自己上级领导的形象也变得光辉高大起来。比如大家熟知的触龙说赵太后的典故，触龙采用了"良药未必苦口"的劝说策略，从而让赵太后的决策由起初的不正确且不得人心，最后变得英明了，提升了赵太后的管理水平（实际上赵太后管理水平一般）。

汉高祖刘邦，都说是个市井无赖，除了公认的有识人之明外，几乎没有其他方面的天赋了。可就是这样一个人，却替代项羽成为天下霸主，开创了大汉王朝。原因固然在于刘邦拥有张良、萧何、韩信等杰出人才，但最重要的是这些杰出人才都擅长向上管理，从而不但实现了自己的抱负，也帮助刘邦提升了管理能力，改善了他的领导形象。

一个高管，如果仅仅懂得向下管理和平级管理，虽然很优秀，却很难成为卓越的管理者。

所以，销售英雄要想成为真正的将帅之才，必须完成三个阶段的转变。

第一阶段：由个人英雄转变为具备团队管理能力的团队英雄，具备向下管理能力。

第二阶段：由仅具备向下管理能力的团队英雄转变为同时具备向下管理能力和平级管理能力的主管。

第三阶段：由仅具备向下、平级管理能力的主管转变为同时具备向下、平级和向上管理能力的高管。

大多数领导都具备向下管理和平级管理能力，却并不擅长向上管理。向上管理需要勇气和胆略，需要形成自己的领导风格，需要坚守自己的职业原则，需要了解老板的处事风格等。

很多人抱着"多一事不如少一事"的想法，自然不可能向上管理。实际上，向上管理不但可以提高自己的影响力及业绩，也可以提高老板的决策水平，结果是双赢的。

我曾经有一个下属，七八年来一直处于部门经理的职位上，未曾谋到总监的职位。在和其深度沟通时，我提了两条建议：第一，要形成自己的思想体系，不能出的招都是散乱的，既不系统也不连贯，看起来没有多大的威力；第二，要在老板面前坚持自己的原则，坚持对的，如果认为老板是错的，就要去纠正他的错误，这样才能将职业价值最大化。

其实，说穿了，也就两句话：有完整的体系，有自己的职业风格。老板请我们来，就是为了让我们表现出不同，如果不论什么事情我们都和老板意见一致，如果明明知道老板可能当时头脑发热却昧着良心不进行劝阻，任由事态发展。那么，还要我们干什么？我们的价值又体现在哪里？

最后，我想说，领导是不可能明着被我们管理的，也很少有高管会承认自己的下属善于管理自己，但向上管理是一种运行在企业内部的潜规则，是的的确确存在的，而且在一定程度上影响着职场中的人和事。因此，我们没有理由不去提高自己的这一能力。

拥有的知识越多，越难成功

一个人拥有太多知识的时候，过度地依赖知识，会削弱自己的直觉，给自己强加很多约束，做起事来难免受阻。在当下的资讯时代，面对众多信息，我们不能贪多，挑选适合自己的那些就行了。

———————————— ◀ **CEO** ▶ ————————————

一天，公司全国重点客户事业部（Key Account，以下简称KA部）的经理找我，问最近有没有什么书可读，于是我说了如下这段话：

"不要老是看书，我看书就很少。我们时间有限（相对条件下），要少看书、不看书（跟成功的人交流也是学习，而且是更快的学习），实在要看书就看好书！"

　　这话一说出去，当时办公室里的几大"诸侯"（全国各大区经理）先是惊诧，随即就有两个人鼓掌，显然，这种"大逆不道"的观点，像尖锐的利器一样刺入了他们的脑海。

　　接着，我又说了一段更为尖锐的话："我们很多人不够成功或者还没成功，不是因为他们懂得太少，也不是因为他们知识面太窄，恰恰相反，正是因为拥有的知识太多，所以没有成功！"

　　这次话音一落下，众人旋即鼓掌，好像只有一个人愣了一下。

　　为什么敢这么讲呢？

　　有人说，一个企业容易在两种情况下犯错误，第一是拥有太多机会，不知该选哪个，眼花缭乱，无形中干扰了企业掌舵人的判断力；第二是拥有太多的钱，不知该进入哪个行业，因为哪个行业都赚钱，房地产、酒店、银行等看起来都很美，唯独自己现在做的这个行业利润一般。

　　同样，一个人拥有太多知识的时候，过度地依赖知识，削弱了自己的直觉，给了自己许多约束，做起事来难免受阻。没有做到真正的脑通心通，没有融会贯通，知识越多越容易干扰自己的判断，丧失机会，这也就是古人说的：尽信书则不如无书。

　　事实上，有很多书籍的观点是误导人的，是伪知识，是大奸似忠的理论。社会的稳定确实需要这些理论，但想做大事，想要大成功，就需要练就一双火眼金睛，在众多的知识当中挑选适合自己的。

　　如今，资讯发达，只要搜索一下，基本任何问题都可以解决，可真正优秀的观点总是藏匿于资讯的海洋中，知识多并不代表智慧多。这里用一句我个人原创的话做个总结：有知识，没智慧。对，就是这样！

人与人之间就是相互利用

领导如果没有被下属利用的价值，就失去了存在的意义；被利用的价值越小，领导魅力就越小。不善于利用员工的领导以及不善于被下属利用的领导，都犯了"利用罪"。

◄ **CEO** ►

"一个人的价值在很大程度上取决于被利用的价值"，这句话你同不同意？

如果再说 "人与人之间就是相互利用，你之所以有用，是因为你能被利用"，你还会同意吗？

为什么没有鸟了，不能把弓藏起来呢？在养狗就是为了逮兔子的年代，没有了兔子，狗留着还有什么用？

汉高祖刘邦因为屠杀功臣，背负了两千多年的骂名，后人提起这一鸟尽弓藏、兔死狗烹的血腥事件，大多是批评他的评论。如果抛开造反方面的顾虑，仅仅从利用价值的角度分析，刘邦为什么就不能杀掉这些人呢？

这些人在大汉王朝建立后基本失去了利用的价值，但汉朝集团却要为他们开着高薪。刘邦作为集团一把手，单从集团经营成本上考虑，也会考虑能否解雇他们。只不过这些人都是经营管理高手，如果解雇他们，他们一定会另立公司成为强大的竞争对手，所以只能将之杀掉。

"鸟尽弓藏、兔死狗烹"说的就是利用价值，没有了利用价值，连韩信这么厉害的军事家都会失去职位甚至丢掉生命。

职场生存亦是如此，没有被利用的价值，上级如何肯定你？领导怎么敢提拔你？老板为何还要留你？

我们说，了解一个人，要看他的朋友圈子，圈子就是他的底牌。可是圈子怎么才能进得去？

每个人都有自己的圈子，每个人的圈子层次都不相同。如果你想挤入更高一层的圈子，这个圈子的人必须得认可你。他们凭什么认可你？难道不是看中你的价值，将来可能用得上吗？

作为高管，一定要帮助下属寻找自己的强项，并助他们进一步发展强项。自己有没有强项，在别人看来就是有没有"卖点"，而卖点是否明确就看强项是否难以替代。一个人强项越是难以替代，卖点就越有吸引力，他被需要的程度就越高。

无论做什么还是在哪个公司，如果能让别人或者上级经常感觉到"用得上你"，你的价值就很大。正所谓，不怕被利用，就怕你没用！

我经常告诫我的下属：做人要做有利用价值的人。你必须有才能，公司才会给你提供一个舞台。人的存在，就是被利用的！人的价值，也是在被利用中得到认可的！

任何人都会被利用，利用别人的人往往都是掌握资源较多的人，比如企业老板。这些人站的层面高一些，可调动的资源多一些，所以比一般人多一些利用别人的能量。

利用对于每一个人都是相互的，我们利用老板提供的平台成长，实现自我价值，老板则利用我们的能力维持企业的运转，从而赢利。

那么，何谓"利用罪"呢？

领导重要的作用之一，就是发现、培养员工的优势，然后利用这些优势帮助企业成长。

单纯地从这个角度来说，领导力就是利用别人的能力，一个不懂得利用下属的领导不是好领导。

越善于利用下属，团队的价值就越大；越善于利用下属，下属的成长速度就越快。

同时，如何能更好地被下属利用，也是领导必须研究的学问。你要清楚员工需要什么，然后就提供什么，而不是我们有什么就提供什么，那样是供非所需。

比如，员工近期可能需要心态方面和销售技巧的培训，作为领导必须迅速调整，提供给员工这些精神食粮。领导提供得越快，团队的变化就越快。

领导如果没有被下属利用的价值，就失去了存在的意义；被利用的价值越小，领导魅力就越小。

所以，不善于利用员工的领导以及不善于被下属利用的领导，都犯了"利用罪"。

一家企业里，员工被利用的程度越高，发挥的作用就越大。领导要像资本家一样，要"榨干"每一个员工的优势。

一个公司管理水平的高低，取决于企业里人才被利用的程度，取决于企业里各部门之间相互利用的程度。程度越高，说明企业管理系统越完善，每个人的价值以及部门之间协作产生的价值就越大。

CHAPTER **7**

管不好就是犯罪

企业管理的两种乱象

　　企业管理乱象的表现形式之一就是越位、越级管理，插手文化严重，该谁管的不让谁管，或者逮着谁就让谁管。

――――――――◄ **CEO** ►――――――――

电视剧《宰相刘罗锅》中有这么一个情节：

有一天，刘罗锅和太上皇乾隆一起洗澡，刘罗锅直呼乾隆为"弘历"。

乾隆一开始没反应过来，等明白过来，就斥责刘罗锅："刘墉，你好大的胆子！朕的名字你怎么可以直言不讳地喊出来呢？你不知道这是杀头之罪吗？"刘罗锅慌忙解释两人是事先讲好抛弃尊卑之分平等相待的。

这叫什么？刘罗锅的这种行为就叫"越级乱象"。若非两人事先讲好平等相待，他肯定要被治罪的。

在一个公司里，这就叫坏了规矩，没有章法。

公司一位姓李的内勤主管很苦恼，因为下属都习惯叫她"小李"。

这位小李是从销售内勤中提拔起来的，当了主管后原来平级的同事忽然就变成下级了。领导以前习惯性地叫她小李，领导叫也就罢了，问题是原来平级的同事、现在的下属也跟着叫小李，天天"小李"长"小李"短，让她很烦恼。

试想，当下属叫她"小李"的时候，领导的权威在哪里？有没有威信可言？

其实，这位小李完全可以这样做：当下属叫她"小李"的时候，明确地告诉下属，这是工作，最好称呼职务。

当第一个下属叫你"小李"的时候，你能及时纠正，其他人听见了，就不会再叫了；如果第一个叫你"小李"的下属在你这里得到默认，恐怕其他人也会仿效。试想，作为主管，允许下属随便称呼，工作中怎么能公事公办呢？怎么能树立自己的权威呢？

中国有句古话说得很对，叫"不在其位，不谋其政"。意思是说：一个人一定要做分内的事情，首先把分内的事情干好；不能随便就做不属于自己职责之内的事情，尤其在分工明确的团队里，很容易产生错乱，看似谁都在做，结果是谁都没有为结果负责。

这说明企业管理乱象还有另一种表现形式：越位、越级，也就是该谁管的不让谁管，或者逮着谁就让谁管。

比如，寺庙管理要求严格遵守"管理伦理"，经典案例是"油瓶倒了也不准扶"。在一个佛教寺院里，典座按照规定去库房巡视，结果发现仓库里面盛油的油瓶倒了，正常人的思维是典座赶紧把油瓶扶起来。但他没有这样做，他找来负责仓库的头头，让仓库头头亲眼目睹这一事实，然后询问造成这一事实的原因究竟在哪里？是流程有问题还是责任人没有尽到职责？如果典座自己不吭声把问题解决了，仓库头头没有切身感受，这种行为无形中掩盖了存在的漏洞，使寺院管理难以升级，典座就违反了寺院管理。每一次事故的背后，一定会暴露出管理中细节的不到位，提供了改进的机会。

在公司管理中，这种乱象是很常见的。有些领导最喜欢干的事情就是插手，无论是否在自己的职权范围内，都喜欢插手管一下。更有甚者，在有些公司，插手管理文化一级传一级，结果公司各个部门的领导都传染上了插手文化。

再看一个汉宣帝时的故事。有一次丞相丙吉出城视察，路过城墙时看到一群"环卫工人"在打架，好像死了人。随行觉得应该过去管管，结果丙吉直接让随行继续向前走，没有停留。属下都很纳闷。

往前走了约一里路，他们遇见一个赶牛的，牛累得直喘粗气。丙吉立即让人停车，下去和赶车的老人询问沟通，随行都非常不理解。有人回府后就此事在背后议论埋怨丙吉，更有朝臣以此为事端开始诽谤丙吉。

汉宣帝为此召丙吉问话，丙吉面对议论回答说，普通老百姓在大街上打群架斗殴，自有负责"公共安全"的部门和负责人去解决，按照汉朝法律进行必要的惩罚和警戒。而他是一国丞相，重点职责是"顺阴阳，理四时"，让朝臣各司其职，督促各部官员按流程办事，关心农民百姓吃饭、住宿等重大问题。牛没有走多远就喘着粗气，有可能今年节气不顺，而节气不顺，会影响春耕，春耕有问题，汉朝百姓吃饭就有问题，百姓吃饭有问题，就会产生不安定因素，继而影响朝廷北方边事，这才是我要关心的大事。

汉宣帝及官员们听完后，表示心悦诚服，认为丙吉是一个识国家大体的人。

看看，丙吉说得多好！清楚自己的职责，每个人都干好自己分内的事，互相配合，整个公司就会形成一个高效的体系。

管理乱象在很多公司都不同程度地存在，要想解决这个问题，首先要理清各个部门的职责和权力，明晰部门之间相配合的规章制度，制定正确的流程，并严格按照流程执行。剩下的，就是不断地宣扬责权分明的企业文化。

没有底线的领导不是好领导

　　"底线"能让模糊的流程体系清晰化，通过量化的标准明确告诉员工该做什么、必须做什么、绝不能干什么以及对应的处罚。做到"有法可依，有法必依，执法必严，违法必究"，企业管理就变得顺畅自然。

◀ **CEO** ▶

　　有一次，和下属一起出去巡店，碰巧他有个东西要邮寄，既然东西都带上了，我就同意他去寄了（可能很多领导都会同意）。说好的半小时就回来，结果耽误了整整两个小时。他解释说：邮寄东西的人太多，排队太久。

　　我确实有些不愉快，当时就批评了他，明确告诉他：以后不允许在上班时间干私人的事情，仅此一次，没有下次。他心悦诚服地接受了，并说在以前的公司，工作时顺便干私人活的事经常有，领导基本都睁一只眼闭一只眼，久而久之，大家都默认可以这么干。这让我清晰地认识到，原来作为一个领导，下级怎么对待你，那都是你默认他们这么干的！

这里就牵扯到领导的管理底线的问题。下面的事情，在大多数公司都经常发生：

所有领导都不允许下属上班时间用QQ聊天，可是看见有人聊天时，并非所有领导都当面及时纠正或者叫到自己的办公室教育几句。

领导爱在上班时间和员工开玩笑，结果员工和他打情骂俏。

……

这样的问题多多，作为领导的你，是怎么处理的呢？

如果领导去下属家里看望下属，结果却看见下属家里放着一些公司的赠品（这里不探讨赠品管理制度的漏洞），你是装作没看见呢，还是当面指出？

装作没看见显然不对，那样的话这名员工会把领导这种默认的态度传播给其他员工，导致员工私拿公司赠品的风气蔓延。当面指出也不合适，毕竟是去人家家里探望，那样的场合不适合谈工作，更不好批评。比较好的处理方式是在你的办公室纠正员工的这种行为。

高管一定得有自己的职业风格，如果没有自己的风格和原则，做事容易妥协，而借助妥协谋取某种平衡一般是一把手玩的游戏，是以降低效率为代价的，不适合高管。

我自己有时也在一些事情上妥协，其实自己反思，那都是不正确的。高管的价值在于思想观点的不同，如果高管的思想观点基本一致，那一定有几个人是多余的，有不同的观点才会显出正确观点的正确性。

高管的职业风格有两种表现形式：一种形式是针对下属员工的管理底线，管理底线就是公司的电网，是不允许触碰的，一旦触碰，就必须按照制度办事。另一种形式是针对上级领导的坚持，自己认为正确的意见必须坚持，不轻易妥协。要有底线，越过这个底线，是违反自己的职业道德的，也就失去了自己存在的价值。

和上级沟通时，由于角度和高度的不同，意见不一致是很正常的，我们要敢于坚持自己的意见并说服上级。但是，并不提倡一根筋，这里有个"度"的问题。为什么要提到底线？因为那是自己可以退让的最后一道防线，如果允许别人任意践踏你的这道防线，那你就什么也不是了。

不过，容易混淆因而需要引起注意的是：小气并不等于有原则、有底线，一个没有主见因而性格随和的人，并不等于宽容、包容，它们有着本质的区别，领导在用人时一定要仔细观察。

那么，底线的意义究竟在哪里，在我们的管理中有什么作用？

"电网"一词起源于20世纪，"国家电网"等尤其是监狱围墙上布满的电线，很容易让人想到，一旦人触及会被无情地打晕。21世纪，"电网"有了新的解释，更多见于企业管理词汇中，企业的制度体系又称为"电网"，是企业管理的红线、警戒线，也是底线！在公司的日常管理中，设置管理"底线"，并通过部分员工触碰底线后的应对处理，无形中给员工很强的心理暗示，起到一定的警示作用。通过新老员工更替传承，很多管理的底线会形成一定的习惯，影响后进的新人，此时"底线"文化就已经开始起作用，底线印记形成。这就从开始的制度管人转型为文化影响人，管理上更进了一步。通过对企业管理中容易犯错误的流程进行提炼，形成明确量化的管理制度，这就是企业管理的"底线"谁也不能触碰，谁触碰了也不能幸免，"底线"能让模糊的流程体系清晰化，通过量化的标准明确告诉员工该做什么、必须做什么、绝不能干什么以及对应的处罚。做到"有法可依，有法必依，执法必严，违法必究"，企业管理就变得顺畅自然。

作为领导，你需要"杀熟"

> 对于在大家看来和自己关系近的人，犯了错一定要及时处罚；对不相干或者比较远的部门，可以稍微放宽一些，也就是近严远宽。

◄ **CEO** ►

有一次，我开车外出巡查市区内的KA店的陈列情况，在公司所在花园内发现了商超部门的送货车。我寻思，正常情况下，此时该车应该在送货途中（当时为下午两点半左右，属上班时间），怎么会停留在这里，难道是送货结束已经返回了？

我走近车旁去看，里面有三个人，一位是车队队长，一位是KA部经理，还有一位是送货司机。也许是发现我了，一阵忙乱后，几个人尤其是两个主管都很紧张，我瞥见地上还有两张来不及收拾的扑克牌。

尽管队长小心翼翼地解释说，也就是二十分钟前刚送货回来，但仍然免不了要处罚。下午回来后，我把两位主管叫到办公室做了思想沟通，两人心悦诚服地接受处罚，处罚通告随后正式公布，以儆效尤。

三人中，司机和我不熟，也只是普通员工，因此我没有处罚，但通过处罚主管也能给司机一个有力的警告。车队队长和KA部经理属于主管的级别，身为主管在上班时间和员工混在一起打牌，是极大的错误。即使是员工邀请的，也应制止这种行为的发生。两位主管隶属我分管，又是我培养的对象，在别人看来和我关系相对近，因此他们本以为我应该只是说说了事，不想竟被处罚。

第二天开完早会，我叫这两个人到办公室，私人奖励他们每人一本我写的书，并告诉他们：犯了错，必须处罚，尤其是对于你们这样在别人看来和我关系走得近的人，近严远宽嘛，希望你们能理解。至于我个人奖励你们一本书，那是因为我对你们两个人抱有期望，希望你们能更快地成长。罚你们是因为你们犯了错，奖励你们是因为我对你们有期望。离开我的办公室时，两个人都是高高兴兴的。

讲这个真实的故事是为了说明：对于在大家看来和自己关系近的人，犯了错一定要及时处罚；对不相干或者比较远的部门，可以稍微放宽一些，也就是近严远宽。

很多领导容易犯"生熟罪"，对和自己走得近的下属不忍心下手。

有时候几个人都犯了错，对于和自己走得近的人，也只是像对其他人一样，一视同仁地按制度进行处罚。

其实，人心是最难猜测的，即使你一视同仁地进行处罚，自己没有包庇任何人，但在他人看来，你再怎么处罚也难逃"护短"的议论。所以很多时候，一视同仁地处罚反而错了，尽管理论上我们应该按照制度办事，但实际操作上要适度倾斜，对自己人下手要稍微重些（前提是做好他们的思想工作）。

近些年来，一些官员贪污或者有其他犯罪行为，即使执法机构给予了他们处分，也仍然平息不了民愤，因为他们认为执法机关有包庇和护短的嫌疑。

其实，企业员工也是一样的心理。因此主管犯错，尤其是和自己熟的主管，一定要严惩不贷，谁让他们是主管呢！上级领导对主管的处罚影响着所有员工的行为，左右着企业的舆论走向。

从这个角度说，很多时候领导在处理行政问题时的决策及一言一行，都足以影响企业的文化风向，足以引导、改变员工的思想认识。

只要我们还做领导，就免不了遇到"生熟罪"的问题，对这一问题的处理，既影响着员工对领导的看法，也影响着领导者的管理魅力。

上下罪：你应该做和不能做的事

上下罪就是指该向上级提关于管理得失的建议时闭口不言，只对上面说好听的（显示自己管理得不错），却向员工经常发牢骚，认为管理不好都是公司的问题造成的，而自己已经尽力了，借此向员工卖好。

──────────────── ◄ **CEO** ► ────────────────

五六年前，有一位下属过生日，酒过三巡之后，人员所剩无几，这位下属就开始唠叨公司管理的种种不好，包括老板和老板娘两个人的一些不好的地方。

公司员工私下谈论老板以及自己所在的公司，本无可厚非，难道企业管理还不允许员工有发牢骚抱怨的时候？如果没有发泄口，负面情绪积累多了后果更严重，更何况这只是私下唠叨。

我作为领导，当时默认了这种主题的讨论。公司管理上也的确有许多问题，借机听听基层员工的抱怨，也可纠正管理的偏差，俗话说"房子漏雨，只有下面的人才知道"，说的就是这个道理。

当下属谈到老板和老板娘的许多不是时，我也笑着点头。当然，这件事很快传到老板娘的耳朵里。话一经不同的人口头传播就可能变味，传到老板娘那里的信息，就变成了我在背后说老板娘以及老板的坏话。

事情到了这种程度，就稍微有些复杂。那时候我已是公司高层，公司高层当着下属的面数落老板的不是，让哪个老板听了都会觉得不爽。当然，这个误会是解释不清了。

这件事情给了我很大的教训，从那以后，无论什么场合，当着下属的面坚决不讨论老板和老板娘的好坏，而且在下属谈到这些话题时，要及时予以制止或者换成别的话题。如果你没有反对，甚至没有说话，他们的观点就很可能"变成"你的观点，因为你在场，因为你没有反对！可以说，你这位领导可能被某个下属利用了。

此后数年的管理中，我经常发现有类似的情形出现，不过所幸我已经了解了其中的凶险，每次都被我轻轻带过。久而久之，下属都知道了我的脾性和风格，知道我不喜欢在背后说老板的坏话，也不会容忍有谁当着我的面说老板的坏话。与此同时，这些年我看到很多中层甚至部分高层经常犯这样的错误，最后被老板认为，食君俸禄反而说君坏话，品行有严重问题。

后来又发现，和员工沟通时，永远要说正面的信息，公开场合要坚决制止负面信息的传播。对下，一定要说正面的！

那么，对上，是否可以说不好的呢？

刚才所说的我亲身经历的案例说明：在公开场合，永远不能说公司的坏话，也不能容忍下属甚至平级同事说公司的坏话，这是我个人的职业铁律。但是关起门来，仅仅有中高层在场的场合，我们可以畅所欲言，把公司管理得失尽数讲出来。

为什么呢？

因为，如果给基层员工讨论公司管理得失的机会，基本上不会有什么建设性意见，甚至会跑题，提出一些比较离谱的意见，反而会让他们形成私下议论公司好坏的风气。

而中高层干部了解公司管理现状，可以提出一些针对性强的建设性建议，即使是发牢骚，发完了也得提出解决方法。而且，中高层素质相对较高，知道下去什么该说，什么不该说。

所以，这些年的管理生涯让我形成一种认识：上坏下好，即对上说不好的，对下说正面的。即使是在管理制度完善的企业，由不同的领导人来运行相同的管理系统，也会产生很大的差别。因为每一个领导人都有自己不同的职业风格。我们的责任就是不断亮出我们的这种风格倾向，让下属形成一样的认知：上坏下好。

　　上下罪就是指该向上级提关于管理得失的建议时闭口不言，只对上面说好听的（显示自己管理得不错），却向员工经常发牢骚，认为管理不好都是公司的问题造成的，而自己已经尽力了，借此向员工卖好。

　　这样的人，老板一旦发现，是不会重用的！这样的领导，也得不到下属的尊重，他们在表面上好像喜欢你，望着你的背影却在内心里说：唉，这领导啊，管理水平一般哪！

赏罚不当是为罪

> 赏罚之道，乃治理国家之大要；同样，赏罚之道，即企业管理之道。企业真正运行的管理系统其实很简单，就是考核体系，而考核体系要紧紧围绕赏罚之道展开。

———————————◀ **CEO** ▶———————————

恩威即赏罚，对于现代企业的管理至关重要。我们来看几段经典的论述。

司马光在《资治通鉴》中评价苻坚时说：有功不赏，有罪不诛，即使是尧、舜也治理不好国家，何况其他人呢！

马基雅弗利曾向意大利王子献策："为君之道，让人对你心存畏惧比让人对你满怀热忱更为重要。"

东魏帝国实际掌权人高澄向杜弼询问政事之要（即管理天下的秘诀），杜弼说："天下大务，莫过于赏罚。赏一人能使天下人欢喜，罚一人能使天下人服从。倘若这两件事做得好，天下没有管理不好的道理。"高澄也是一个高明的领导，他赞叹说："话虽不多，说的道理却是很重要的。"

我们再通过几部熟悉的电视剧，从另外一个层面讲述恩威对于管理的作用。

《白银帝国》里张铁林饰演的东家对下一代接班人说：威是从刑罚来的。

《贞观长歌》和《雍正王朝》这两部电视剧里都有一位性格暴戾的大将，一个名叫侯君集，一个名叫年羹尧。这两位将才，脾气暴躁，凶狠无比，治军严整，军令如山。

侯君集治军纪律非常严明，甚至到凶狠无比的地步，因为他要对每一个士兵负责。如果对士兵训练时不狠，最终士兵会打败仗死于疆场。所以每次打仗前，侯君集就寻找一些有重大过失的士兵，在出征前处斩祭旗，少的时候只有几个人，多的时候甚至有百人之多。祭旗完毕后，僵尸看着眼前血流成河，大多吓得战战兢兢，莫不抱着必死之心出征。结果他的团队勇猛无比（他训练的飞虎军名闻天下）。

但是事情总是有因有果，不能断章取义，侯君集虽然治军凶狠，但所有跟随他的人非常乐意，有战死疆场的人，侯君集安排人员伺候照顾他们的家属，如同亲人，包括让他们的子女上学，给予发展空间。所以微功必赏，虽然残忍，但将士们仍愿意追随他。

可见，恩威的掌握对于企业高层管理者以及老板是多么重要，即使是侯君集和年羹尧这样的性格暴戾的将领，也因为掌握了恩威两种权柄而变得不那么可憎了。

历史故事为我们呈现了精彩的管理智慧，而现实的企业管理为我们提供了大量的有趣案例，我所在的公司恰好就有两个有代表性的人物。

一位是全国商超部经理，员工很喜欢他，但是部门管理显得松散，一句话总结：威不足，恩有余。

另一位是营销总监，此人经常在公司里扮演黑脸包公的角色，大多数时候行事霸道，也经常处罚员工，于是大家都有些怕他，一句话总结：威有余，恩稍显不足。

这两人的职位都很重要。前者管理的商超部几乎四年没有人离职，稳定性非常好（KA代表一定要稳定），商超部经理说话下面人也听。可以说，他具有一定的领导力，如果能在"威"上下点功夫，就比较完美了。

后者领导的部门员工离职率稍微高一些，但整体运作比较有效率，执行力较高。营销总监的管理相对严厉，只是过于霸道，在某种程度上堵塞了言路，很难听进下属的声音。

在企业管理中，人数众多的部门，如果非要在两种管理方式中选择一种的话，应该是后者更加可取。尤其是在企业平台不错的情况下，领导人的管理是需要霸道一些，那样会更有好处。

在中国法制体系还不健全的社会背景下，大多数企业根本到不了真正的"制度管人"阶段，依然停留在人治和制度管理两种手段并存的阶段。在这种阶段，研究如何利用恩威来管理企业对于领导人的确具有非凡的意义。

企业管理中，领导恩不足，则员工离心，缺少归属感；若威有余，则会使得员工丧失向上管理的通道，上层会失去听取下属很多有见地的声音的机会。

赏罚之道，乃治理国家之大要；同样，赏罚之道，即企业管理之道。企业真正运行的管理系统其实很简单，就是考核体系，而考核体系要紧紧围绕赏罚之道展开。

企业管理中，如果能形成一种自动运行的赏罚系统，做到有功必赏，有过必罚，企业是不可能管理不好的。而这一点，不是仅仅靠长时间的积累就可以达到的，还需要企业掌舵人、管理者自身进行彻底的转变。

破场子：与不和谐对抗到底

无论是谁，只要敢在公开场合说不和谐的话或者做不和谐的事，破坏氛围，影响大家的情绪，就必须为这个结果埋单！这种行为必须及时制止，否则这么干的人会越来越多，你的团队就垮了。

◀ **CEO** ▶

读到这个题目，你也许会疑惑：什么是破场子？

我们还是先举几个例子，这样更容易理解。

2008年汶川大地震后，在公司的一次夕会学习中，人力资源部将汶川地震的许多震撼照片以PPT的形式在会议室大屏幕上播放，目的是号召捐款，大家都怀着沉重的心情无声地观看。就在此时，一名"尖刀连"（公司西安市直营渠道销售团队的名称）成员却在底下嘀咕了一句不和谐的话，虽然声音不大，但因为环境比较安静，马上吸引了会议室全体人员的目光。

"看这些干吗，浪费我们的时间。"这是那家伙的原话。

有一两个"志趣相同"的员工立即投过来赞许的目光，也许这家伙说出了部分人员想说又不敢说的话，从而引起共鸣。此时，组织会议学习的人力资源部经理就在现场，而我刚刚进入会场不到一分钟，就看到了这一幕。

我看到人力资源部经理无动于衷，也许被镇住了（销售团队如狼似虎，有很多刺头）。我控制不住自己的脾气，当着大家的面狠狠地训斥了这家伙，并提出：如果不喜欢听，现在就请离场。

这就是破场子——破坏场子。这种行为可以迅速污染会议室的气氛，如果不及时制止，任由它发展，以后公开场合会有更多的员工破场子。

2010年的一次月度誓师大会，我和营销总监因为出差均缺席，于是这次重要会议交由人力资源部经理主持并负责。

听说会议开得很糟糕，有几个人不愿意签军令状，并当场把军令状扔在会议室的桌子上……会议结果可想而知。

老板很生气。我回来后查出那几个人，叫到办公室耐心做了思想工作。第二天早会，他们当着全体员工的面做了真诚的自我检讨。

　　会上，我明白无误地告诉大家：以后无论是谁，只要敢在公开场合尤其是会议上说不和谐的话，或者做不和谐的事情（比如打架），破坏会议的氛围，影响大家的情绪，就必须为这个结果埋单（通过反复宣导和制度保障落地）！

　　当然了，我有补充：有任何问题或者建议，均可在会下说；各部门领导有任何情绪或者不满，均可在下午的部门领导会议上讲（在我办公室召开，只有各部门一把手参加）。我一再强调，任何领导，无论有多严重的牢骚或者情绪，在我的办公室均可尽情发泄，问题越尖锐越好，我会耐心和他做思想沟通工作；但是，出了我办公室的门就不能再提，绝不允许将这种情绪和牢骚带给团队，绝不允许带着情绪工作，工作该怎么做还得怎么做！

　　老员工都清楚，这是我的老规矩。

　　何谓领导者？领导者，就是领导团队的思想状态和风气的人。

　　我们千万不要小看团队的风气，严重的话它可以毁掉一个公司。让我们看看大明王朝集团是怎么破产的。

　　崇祯年间，中国南、北方相继遭受严重旱灾，其间为中兴大明，改变朝廷风气，"大明集团老板"崇祯借遭遇旱灾之机列举了"管理团队"中的严重歪风邪气。大体意思如下：

　　第一，下面只对上面讲好听的，不讲真话，把真正的问题隐藏起来或者避实就虚，老板总是最后一个知道坏消息的。这样，企业高层就觉得企业发展不错。时间一久，问题越积越多，矛盾越积越深，一旦爆发便不可收拾。

第二，用人不当，能干事的人得不到重用，不干事的人占着茅坑不拉屎。

第三，一些臣子做事瞻前顾后，没有献身精神，干事就会犯错，不干事什么错也不会犯，明哲保身。

第四，司法腐败。司法腐败会令政府失去民心、社会失去公正公平的基础。

第五，官本位严重，基层官员为非作歹，欺压、剥削百姓。

……

崇祯最终没能扭转局面，这些可怕的歪风邪气最终断送了大明王朝的江山。

我们伟大的领袖毛泽东，对团队中的风气把脉很准，也抓得很严。他在其1937年所作的文章《反对自由主义》中列举了自由主义的十一种表现。

因为是熟人、同乡、同学、知心朋友、亲爱者、老同事、老部下，明知不对，也不同他们作原则上的争论，任其下去，求得和平和亲热。或者轻描淡写地说一顿，不作彻底解决，保持一团和气。结果是有害于团体，也有害于个人。这是第一种。

不负责任的背后批评，不是积极地向组织建议。当面不说，背后乱说；开会不说，会后乱说。心目中没有集体生活的原则，只有自由放任。这是第二种。

事不关己，高高挂起；明知不对，少说为佳；明哲保身，但求无过。这是第三种。

命令不服从，个人意见第一。只要组织照顾，不要组织纪律。这是第四种。

不是为了团结，为了进步，为了把事情弄好，向不正确的意见斗争和争论，而是个人攻击，闹意气，泄私愤，图报复。这是第五种。

听了不正确的议论也不争辩，甚至听了反革命分子的话也不报告，泰然处之，行若无事。这是第六种。

见群众不宣传，不鼓动，不演说，不调查，不询问，不关心其痛痒，漠然置之，忘记了自己是一个共产党员，把一个共产党员混同于一个普通的老百姓。这是第七种。

见损害群众利益的行为不愤恨，不劝告，不制止，不解释，听之任之。这是第八种。

办事不认真，无一定计划，无一定方向，敷衍了事，得过且过，做一天和尚撞一天钟。这是第九种。

自以为对革命有功，摆老资格，大事做不来，小事又不做，工作随便，学习松懈。这是第十种。

自己错了，也已经懂得，又不想改正，自己对自己采取自由主义。这是第十一种。

意识到以上问题的严重性后，党内立即进行了整风运动，迅速调整组织气候，改变主流舆论，传播正能量、正思维，使革命队伍的革命意志更加坚定，斗志更加顽强，最终取得了革命的胜利。

如果一个团队的领导，不能带领团队在情绪上走向积极的方向，这支团队的创造力一定有限。同样，如果这支团队的成员整天情绪消极，抱怨公司这里不好那里不好、谁不好等，如何接纳新进来的员工？

我们公司曾经有支团队在一段时间内就是如此，进入该团队的新员工几乎不到一周均离职，造成人力成本剧增。老员工负面的情绪迅速传染给新员工，整个团队乌烟瘴气，天天都处于维持状态，哪里还有开拓性和创造力？

如果你所在的团队负面的东西太多，你一定要注意，要看是否团队领导本身负面东西就很多，是否经常当着员工的面发牢骚，是否带头破场子。如果是，恐怕你就应该考虑出路了。

当然，这样的例子每个公司都有，我讲这些，并非说我的团队就管理得很好，也不是说我个人的团队管理能力很强，只是个人真切的感悟，抛砖引玉，与大家共享。

事实上，在管理的路上，我们还要走很远……

众筹支持者名录：

查源

李栋

李明杰

杨明东

王磊

包映江

谷凤岩

刘伟

毛浓涛

郭玉军

王秋婵

徐晨凇